**창덕궁·창경궁
현판으로 읽다**

초판발행: 2020년 3월 20일
지은이: 최동군 • **펴낸이**: 서경원 • **디자인&편집**: 나진연
펴낸곳: 도서출판 담디 • **등록일**: 2002년 9월 16일 • **등록번호**: 제9-00102호
주소: 01083 서울특별시 강북구 삼각산로 88 2층 • **전화**: 02)900-0652 • **팩스**: 02)900-0657
이메일: damdi_book@naver.com • **홈페이지**: www.damdi.co.kr

ⓒ 2020 최동군, 도서출판 담디
지은이와 출판사의 허락 없이 책 내용 및 사진, 드로잉 등의 무단 복제와 전재를 금합니다.

정가: 15,000원

Printed in Korea
ISBN: 978-89-6801-097-2
ISBN: 978-89-6801-095-8(set)
이 도서의 국립중앙도서관 출판예정도서목록(CIP)은 서지정보유통지원시스템
홈페이지(http://seoji.nl.go.kr)와 국가자료공동목록시스템(http://www.nl.go.kr/kolisnet)
에서 이용하실 수 있습니다. (CIP제어번호: CIP2020006696)

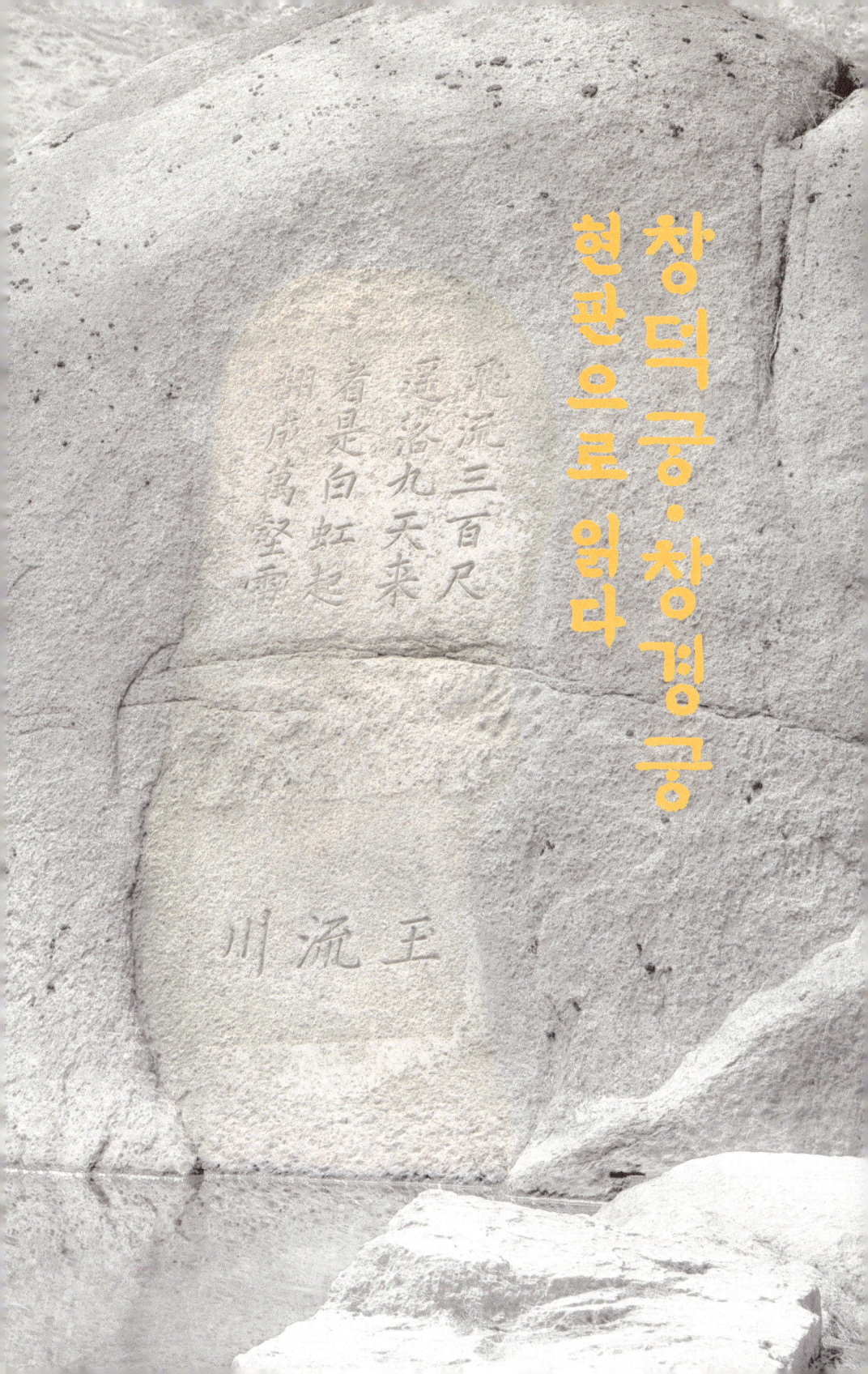

창덕궁·창경궁 현판으로 읽다

머리말

    기산영수(箕山潁水) 별건곤(別乾坤)에 소보허유(巢父許由) 놀아 있고,
    채석강(彩石江) 명월야(明月夜)에 이적선(李謫仙)이 놀아 있고,
    적벽강(赤壁江) 추야월(秋夜月)에 소자첨(蘇子瞻)도 놀아 있고, …

  봄나들이를 나가려는 이 도령에게 방자가 '글공부하는 도련님이 무슨 봄나들이냐'라고 핀잔을 주는 장면에서 이 도령은 자신의 행동에 대해 변명하려고 위의 대사를 말합니다. 여러분은 몇 % 정도 이해가 되나요? 아마 자막을 깔아줘도 이 대목이 무슨 내용인지 정확히 아는 사람은 1%도 채 안 될 것입니다. 조선 시대의 '판소리'는 당시에는 분명 '대중음악'이었습니다. 그러나 현대인들은 조선 시대의 대중음악을 거의 이해하지 못합니다. 왜 그럴까요? 그 이유는 현대인들이 우리 조상들과는 전혀 다른 세상에서 살고 있기 때문입니다.

  우리가 궁궐을 제대로 이해하려면 궁궐이 살아있던 당시 조선의 사회문화적 환경을 이해하는 것이 필요합니다. 그런데 조선을 한마디로 요약하면 유교사회입니다. 그리고 유교문화는 한자(漢字)라는 텍스트가 중심입니다. 따라서 한자를 제대로 모르면 궁궐을 포함한 모든 유교문화에 접근조차 할 수 없습니다. 그러나 현실적으로 우리

현대인들은 한자라는 장벽에 가로막혀 궁궐을 포함한 조선 시대를 이해하는 데 많은 어려움을 겪고 있습니다.

이 책은 여러분이 조선 시대라는 유교사회 환경에 가능한 한 쉽게 접근할 수 있도록 현판에 나오는 모든 한자를 사전에서 미리 찾아두었으며, 현판 속의 한자가 지니는 방위(方位), 사전적 의미, 음양오행·풍수지리와 관련된 기본 원리 등을 자세히 설명했고, 필요한 경우 출전(出典)까지도 밝혀두어 한자로 인한 진입장벽을 최대한 낮추려고 노력하였습니다. 따라서 한자 사전의 도움 없이도 이 책의 내용만으로 궁궐 조형의 일반 원리들을 충실히 설명하고, 또한 비슷한 성격의 다른 전각들과 비교분석을 함으로써 현판에 담긴 창덕궁과 창경궁 속 전각들의 정체성을 최대한 쉽게 풀어내고자 하였습니다. 아무쪼록 이 책으로 인해 창덕궁과 창경궁이 독자 여러분의 마음속으로 한 걸음 더 다가서는 계기가 되었으면 합니다.

끝으로 항상 저의 모든 작업을 지원해준 내 인생의 절반인 아내 원지연과 더불어, 언제나 따뜻한 내리사랑을 주시는 양가 부모님들께 감사드리며, 16권째의 졸고가 세상의 빛을 볼 수 있도록 10년째 지속해서 지원을 아끼지 않은 담디출판사의 서경원 사장님과 직원분들께도 고맙다는 말씀을 전합니다.

2020. 2. 14. 늦은 밤, 파주 운정 자택에서
저자 최동군

•• 차례

머리말 _4

창덕궁

궁성(宮城)과 궁문(宮門) _14

창덕궁(昌德宮) _16
돈화문(敦化門) _19
단봉문(丹鳳門) _22
금호문(金虎門) _25
요금문(曜金門) _27
경추문(景秋門) _29
건무문(建武門) _31

궐내각사(闕內各司) 일원 _32

내각(內閣), 규장각(奎章閣) _34
검서청(檢書廳) _37
운한문(雲漢門), 봉모당(奉謨堂) _38
책고(冊庫) _41
옥당(玉堂) _43
예문관(藝文館) _45
약방(藥房) _49

구선원전(舊璿源殿) 일원 _52

구선원전(舊璿源殿) _54
양지당(養志堂), 영의사(永依舍) _58
억석루(憶昔樓) _61
보춘문(報春門), 정숙문(正肅門), 연경문(衍慶門), 영휘문(永輝門) _64
만수문(萬壽門), 만안문(萬安門), 만복문(萬福門) _69
의풍문(儀豊門), 의풍각(儀豊閣) _72

진선문(進善門) 및 바깥 조정 일원 _74

- 금천교(錦川橋) _76
- 진선문(進善門) _80
- 숙장문(肅章門) _82
- 정청(政廳) _85
- 내병조(內兵曹), 원역처소(員役處所) _88
- 호위청(扈衛廳) _91
- 상서원(尙瑞院) _93

인정전(仁政殿) 및 선정전(宣政殿) 일원 _96

- 인정문(仁政門), 인정전(仁政殿) _98
- 광범문(光範門), 숭범문(崇範門) _101
- 향실(香室) _104
- 선정문(宣政門), 선정전(宣政殿) _106
- 희정당(熙政堂) _110

내전(內殿) 일원 _112

- 대조전(大造殿), 선평문(宣平門) _114
- 흥복헌(興福軒) _118
- 여춘문(麗春門) _119
- 요휘문(耀暉門), 경극문(慶極門) _121
- 경훈각(景薰閣) _124
- 청향각(淸香閣) _126
- 가정당(嘉靖堂), 천장문(天章門), 추양문(秋陽門) _128

성정각(誠正閣) 일원 _132

성정각(誠正閣), 영현문(迎賢門) _134
보춘정(報春亭), 희우루(喜雨樓) _138
조화어약(調和御藥), 보호성궁(保護聖躬) _141
관물헌(觀物軒), 집희(緝熙) _144
자시문(資始門), 망춘문(望春門), 동인문(同仁門) _147
승화루(承華樓) _152

낙선재(樂善齋) 일원 _154

낙선재(樂善齋), 장락문(長樂門), 보소당(寶蘇堂) _156
석복헌(錫福軒), 수강재(壽康齋) _161
상량정(上凉亭), 한정당(閒靜堂), 취운정(翠雲亭) _165
소영주(小瀛洲), 금사연지(琴史硯池), 향천연지(香泉研池) _170

부용지(芙蓉池) 일원 _174

부용지(芙蓉池), 부용정(芙蓉亭) _176
사정기비(四井記碑) _179
영화당(暎花堂) _181
주합루(宙合樓), 어수문(魚水門) _184
서향각(書香閣), 친잠권민(親蠶勸民), 어친잠실(御親蠶室) _188
희우정(喜雨亭) _191
천석정(千石亭), 제월광풍관(霽月光風觀) _192

애련지(愛蓮池) 일원 _194

애련지(愛蓮池), 애련정(愛蓮亭), 태액(太液) _196

의두합(倚斗閤), 기오헌(寄傲軒), 초연대(超然臺), 추성대(秋聲臺) _201

금마문(金馬門), 불로문(不老門), 영춘문(永春門) _207

연경당(演慶堂) 일원 _210

장락문(長樂門), 장양문(長陽門), 수인문(修仁門) _212

연경당(演慶堂) _215

정추문(正秋門), 우신문(佑申門) _218

통벽문(通碧門), 태정문(兌正門) _221

선향재(善香齋), 청수정사(淸水精舍) _223

농수정(濃繡亭), 태일문(太一門) _225

소양문(韶陽門), 소휴문(紹休門) _227

존덕정(尊德亭) 일원 _228

존덕정(尊德亭), 관람정(觀纜亭) _230

승재정(勝在亭), 폄우사(砭愚榭) _234

옥류천(玉流川) 일원 _238

취규정(聚奎亭) _240

취한정(翠寒亭) _242

소요정(逍遙亭), 소요암(逍遙巖), 옥류천(玉流川) _244

청의정(淸漪亭) _249

태극정(太極亭) _251

농산정(籠山亭) _254

청심정(淸心亭), 빙옥지(氷玉池), 능허정(凌虛亭) _256

신선원전(新璿源殿) 일원 _260

신선원전(新璿源殿) _262

숙경문(肅敬門) _263

몽답정(夢踏亭), 괘궁정(掛弓亭) _264

의효전(懿孝殿) _265

창경궁

궁성(宮城)과 궁문(宮門) _268

창경궁(昌慶宮) _270

홍화문(弘化門) _272

선인문(宣仁門) _274

월근문(月覲門) _276

집춘문(集春門) _278

관덕정(觀德亭) _279

명정전(明政殿) 및 문정전(文政殿) 일원 _282

옥천교(玉川橋) _284

명정문(明政門), 명정전(明政殿) _286

문정문(文政門), 문정전(文政殿) _289

광덕문(光德門), 숭지문(崇智門) _292

광정문(光政門), 영청문(永淸門) _295

중간 구역 _298

빈양문(賓陽門) _300

숭문당(崇文堂) _302
함인정(涵仁亭) _304

내전(內殿) 일원 _306

경춘전(景春殿) _308
환경전(歡慶殿) _310
통명전(通明殿), 열천(冽泉) _312
양화당(養和堂) _315
영춘헌(迎春軒), 집복헌(集福軒) _316
성종대왕태실(成宗大王胎室) _318

사진 협조 및 구입 _320

昌德宮
창덕궁

창덕궁

궁성(宮城)과 궁문(宮門)

昌 창성할 **창** 1. 창성하다, 흥성하다 2. 번성하다 3. 아름답다, 곱다 4. 착하다, 선량하다 5. 방종하다(放縱--) 6. 어지럽히다, 어지러워지다 7. 외치다, 주창하다 8 …

德 덕 **덕** 1. 크다 2. (덕으로) 여기다 3. (덕을) 베풀다 4. 고맙게 생각하다 5. 오르다, 타다 6. 덕(德), 도덕(道德) 7. 은덕(恩德) 8. 복(福), 행복(幸福) …

宮 집 **궁** 1. (왕족의) 집, 가옥 2. 대궐(大闕), 궁전(宮殿) 3. 종묘(宗廟) 4. 사당(祠堂) …

　창덕궁은 임금의 덕〔德〕이 창성〔昌〕하는 궁궐〔宮〕이라는 뜻인데, 핵심 글자는 가운데 글자인 덕(德)이다. 그런데 조선과 같은 유교 문화권에서 덕은 단순한 도덕(道德)을 의미하는 것이 아니다. 영어로 Virtue라고 번역되는 덕은 다양한 여러 의미의 총합적 개념이라서 한마디로 정의하기는 쉽지 않다.

　유교(또는 유학, 유가 사상)는 공자를 시조로 하는 중국의 대표적인 사상체계이다. 한(漢)나라 이후 2천년 동안 중국대륙을 지배한 정치사상이기도 했거니와 그 변종인 성리학(性理學)은 조선왕조 5백년의 근간이기도 했다. 이 유교 사상을 현실 속에서 구체적으로 구현하고자 하는 모든 방식을 단 하나의 단어로 압축 표현한 것이 수기치인(修己治人) 즉, 자기〔己〕자신을 수양〔修〕하고 다른 사람〔人〕을 잘 다스리는〔治〕것이다. 그리고 사람을 다스리는 것을 정치라고 한다. 그럼 정치를 잘하기 위해서는 어떻게 해야 하는가? 그에 대한 해답을 공자는 『논어(論語)』「위정(爲政)」편 속에서 다음과 같이 밝히고 있다.

　　子曰 爲政以德 (자왈 위정이덕)
　　　공자 가라사대子曰, 정치政를 하는爲 데는 덕德으로써以 해야 한다.

1. 궁성과 궁문
2. 궐내각사 일원
3. 구선원전 일원
4. 진선문 및 바깥조정 일원
5. 인정전 및 선정전 일원
6. 내전 일원
7. 성정각 일원
8. 낙선재 일원
9. 부용지 일원
10. 애련지 일원
11. 연경당 일원
12. 존덕정 일원
13. 옥류천 일원
14. 신선원전 일원

창덕궁 배치도

창덕궁-궁성(宮城)과 궁문(宮門) 017

The Master said, "He who exercises government by means of his virtue

譬如北辰居其所 (비여북신거기소)

이를 비유譬하자면 마치如 북극성北辰이 그其 장소所에 계속 머물러 있고居

may be compared to the north polar star, which keeps its place

而衆星共之 (이중성공지)

그러면서而 뭇별衆星들이 (북극성을 중심으로) 함께共 (돌아)가는之 것과 같다.

and all the stars turn towards it."

　공자는 유교의 정치원리로 '정치는 덕으로써 해야 한다'라는 뜻의 위정이덕(爲政以德)을 강조했고, 이것을 맹자가 계승하여 더 간단히 덕치(德治)라고 표현했으며, 이를 왕도정치의 바탕으로 삼았다. 결국, 창덕궁은 임금이 백성들을 위한 정치(덕치)를 잘하기 위해 덕(德)이 창성(昌)할 것을 기원하는 뜻을 담고 있다.

敦 도타울 돈　1. 도탑다(사랑이나 인정이 많고 깊다) 2. 힘쓰다 3. 노력하다 4. 진(陣)을 치다
化 될 화　1. 되다, 화하다(化--) 2. 교화하다(敎化--), 감화시키다(感化---) 3. 가르치다
　　　　4. 따르다, 본받다 5. 변천하다(變遷--), 달라지다 … 11. 교화(敎化) …
門 문 문　1. 문 2. 집안 3. 문벌(門閥) 4. 동문(同門)

돈화문과 월대

　돈화문뿐만 아니라 모든 조선 궁궐의 정문 이름에는 임금의 교화를 뜻하는 화(化) 자가 들어가 있다. 왜냐하면, 궁궐의 정문은 공식적으로 임금과 백성들이 서로 만날 수 있는 접점이며, 임금이 덕으로써 무지몽매한 백성들을 교화시키는 상징적인 장소이기 때문이다. 따라서 창덕궁 돈화문(敦化門), 창경궁 홍화문(弘化門), 경희궁 홍화문(興化門), 경복궁 광화문(光化門)은 임금의 교화(化)가 각각 돈독(敦)

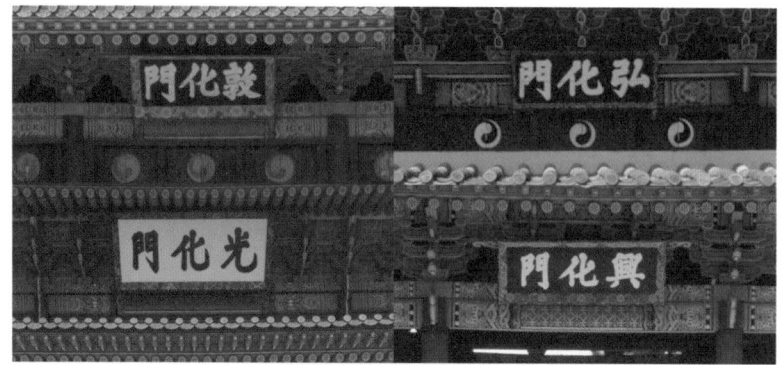

좌측 위로부터 시계방향으로 창덕궁-돈화문, 창경궁-홍화문, 경희궁-흥화문, 경복궁-광화문

해지고, 넓어[弘]지고, 일어[興]나며, 세상을 빛[光]처럼 비추라는 뜻임을 알 수 있다. 그중에서도 돈화(敦化)의 출전은 『중용(中庸)』 중니조술(仲尼祖述) 장이다.

> 萬物并育 而不相害 (만물병육 이불상해)
> 만물萬物은 함께并 길러져서育 서로가相 방해害되지 않으며而不
> *All things are nourished together without their injuring one another.*
>
> 道并行 而不相悖 (도병행 이불상패)
> 도道는 함께 병행并行하여 서로가相 거스르지悖 않는다而不.
> *The courses of the seasons, and of the sun and moon, are pursued without any collision among them.*
>
> 小德川流 大德敦化 (소덕천류 대덕돈화)
> 작은 덕小德은 냇물의川 흐름流과 같고,
> 큰 덕大德은 교화를化 돈독敦하게 한다.
> *The smaller energies are like river currents; the greater energies are*

seen in mighty transformations.

此 天地之 所以爲大也 (차 천지지 소이위대야)

이것此이 천지가天地之 위대한爲大 까닭이다所以也.

It is this which makes heaven and earth so great.

비유하자면 신하들의 작은 덕은 흐르는 냇물이 주변의 식물들을 키워내는 정도에 그치지만, 임금의 큰 덕은 만물(만백성)을 조화롭게 키워내는 것임을 돈화문은 알려주고 있으며, 그런 임금의 큰 덕[德]이 창성[昌]하기를 기원하는 곳이 창덕궁이다.

丹 붉을 단 1. 붉다 2. 붉게 칠하다 3. 성심(誠心) 4. 신약 5. 단사(丹沙·丹砂) 6. 붉은빛
7. 남쪽(南-)

鳳 봉새 봉 1. 봉새(鳳-: 봉황) 2. 봉황(鳳凰) 3. 산(山)의 이름

門 문 문 1. 문 2. 집안 3. 문벌(門閥) 4. 동문(同門)

단봉문

    창덕궁의 정문 돈화문이 비록 남향을 하고 있다고는 하지만 워낙 궁궐 남서쪽 끝 모서리에 자리 잡고 있어서 왠지 정문으로서의 무게 감은 떨어지는 느낌이다. 오히려 돈화문으로부터 동쪽으로 궁궐 담 장을 따라 약 90m쯤 떨어져 있는 붉은(丹) 봉황(鳳)새라는 뜻의 단 봉문이 인정전과 인정문으로부터 가장 가까운 궁궐문이기에 창덕궁 의 정문 위치로는 손색이 없어 보인다. 게다가 단봉(丹鳳)이라는 말

도 국어사전에서 찾아보면 '1. 목과 날개가 붉은 봉황'이라는 뜻 이 외에도 '2. 궁궐을 달리 이르는 말'로도 쓰이고, '3. 임금의 명령을 적은 조서(詔書)를 달리 이르는 말'로도 쓰이기 때문에 단봉문이라는 이름은 다른 여느 궁궐문의 이름과는 차원이 다른 깊은 뜻을 중의법으로 내포하고 있는 것으로 보인다.

그렇다면 창덕궁의 정문 위치를 법전인 인정전의 앞쪽이 아니라 왜 굳이 남서쪽 끝 모서리에 잡았을까? 인정전과 인정문의 정면 쪽에는 종묘로 들어가는 풍수 지맥선(地脈線)이 있는데 이를 일부러 피하기 위함으로 보인다. 인터넷 지도와 항공사진으로 창덕궁을 찾아보면 인정문의 남행각에서 낙선재 앞에 이르는 구간이 울창한 숲으로 덮혀있고 이는 종묘까지 이어진다. 이른바, 풍수지리에서 소중히 다루는 용맥(龍脈: 산의 정기가 흐르는 산줄기)이다. 그래서 인정문 앞 바깥 조정마당은 지맥선을 보호하려다 보니 네모반듯한 모양이 아니라 비뚤어진 사각형 모양이 되었다. 지금도 전국 곳곳에 남아 있는

비뚤어진 사각형 모양의 바깥조정마당

지명 중에는 벌고개 또는 버리고개가 있다. 이는 공교롭게도 사람이 통행하는 고갯길과 왕릉 등 주요 국가시설로 들어가는 풍수 지맥선이 일치할 때 사람이 밟고 다니면 지맥이 손상됨을 방지하기 위해 통행을 금지하고, 만일 어길 시 큰 벌을 주었기 때문이라고 한다.

그나마 단봉문은 지맥선을 피하면서도 가장 인정문에 근접한 곳에 만들어졌으나 지맥선을 보호하기 위해 크기도 작게 만들었고 신하들마저도 함부로 드나들지 못하게 했다. 성종 때는 단봉문이 닫혔음에도 불구하고 제멋대로 문을 열었던 신하에게 교수형〔絞待時〕까지 시키려다가 가까스로 죽음만은 면하게 해 준 사실이 실록에 기록되어 있을 정도다.

성종 7년(1476) 6월 29일
의금부에서 아뢰기를, "병조(兵曹)의 사령(使令) 정연부(鄭延夫)가 창덕궁 단봉문(丹鳳門)의 자물쇠를 잠근 후인데도 제멋대로 타개(打開)한 죄는, 율에 교대시(絞待時)에 해당합니다." 하니, 명하여 죽음은 감하게 하였다.

한편, 단봉문은 그 이름 속에 남쪽을 뜻하는 글자가 2개나 들어있다. 우선 오행 사상에서 붉은 색〔丹=赤色〕은 남쪽을 상징한다.〔청색: 東, 적색:南, 황색:中, 백색:西, 흑색:北〕 그리고 봉황은 통상 주작과 같은 뜻으로도 쓰이기 때문에 사방을 수호하는 사신(四神) 중에서 남쪽의 수호신을 뜻한다.〔청룡(靑龍):東, 백호(白虎):西, 주작(朱雀):南, 현무(玄武):北, 황룡(黃龍):中〕

金	쇠	금	1. 성(姓)의 하나(김) a. 쇠 b. 금 c. 돈, 화폐 d. 금나라(金--) e. 누른빛 f. 귀하다
虎	범	호	1. 범, 호랑이 2. 용맹스럽다(勇猛---)
門	문	문	1. 문 2. 집안 3. 문벌(門閥) 4. 동문(同門)

금호문

금속[金] 호랑이[虎]를 뜻하는 금호문은 창덕궁의 서쪽 담장에 있는 문이다. 돈화문으로부터는 북쪽으로 궁궐 담장을 따라서 약 70m 지점이다. 이 문으로는 조정의 모든 신하들이 출입했는데 왜냐하면 규장각, 옥당, 내의원 등 궐내각사와 가장 가까웠기 때문이다. 그런데 금호라는 두 글자도 모두 서쪽을 뜻하고 있다. 먼저 금(金)은 오행을 방위별로 배치했을 때 서쪽에 해당한다.〔木:東, 火:南, 土:中, 金:西, 水:北〕그리고 호랑이를 뜻하는 호(虎) 역시 사방을 수호하는 사신(四神) 중에서 서쪽의 수호신을 뜻한다.〔청룡(靑龍):東, 백호(白虎):西, 주작(朱雀):南, 현무(玄武):北, 황룡(黃龍):中〕

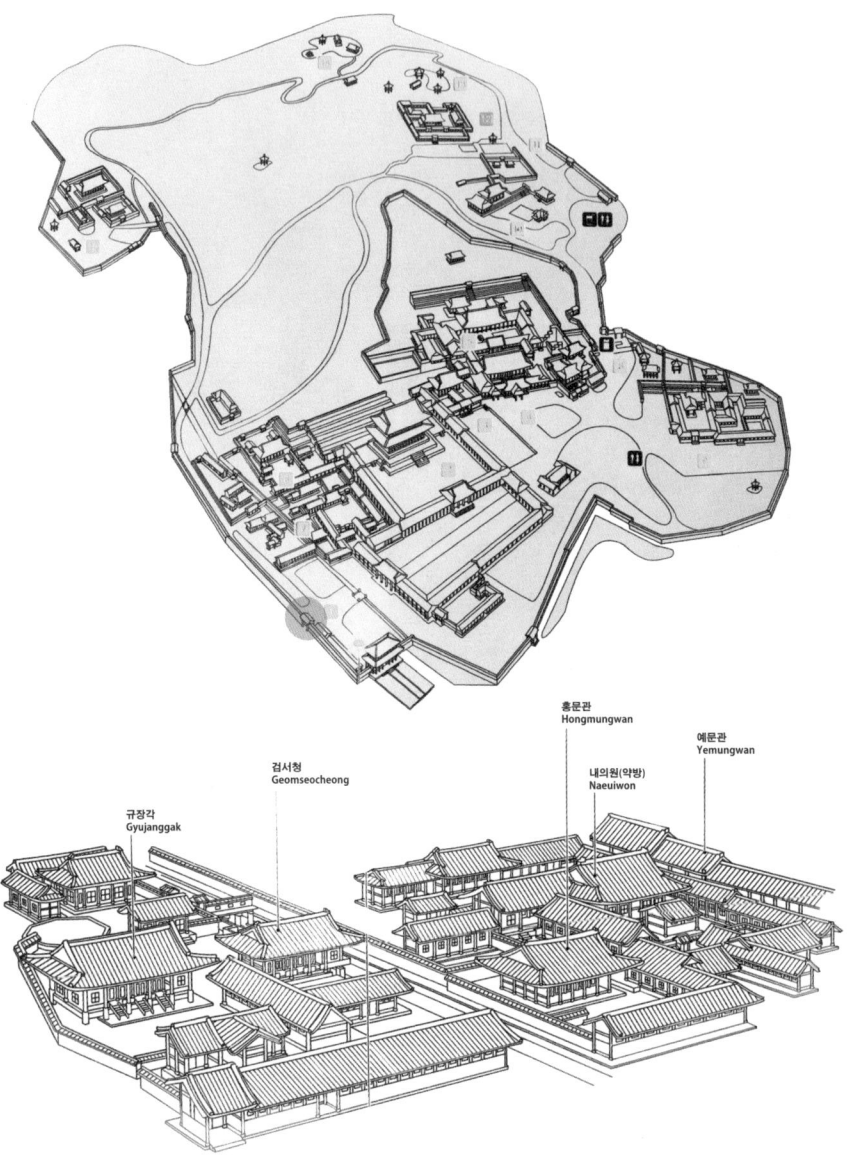

금호문과 궐내각사

曜 빛날 요 1. 빛나다 2. 비추다 3. 자랑하다 4. 햇빛, 햇살 5. 요일 6. 일월성신 7. 칠요(해+달+오성)
金 쇠 금 1. 성(姓)의 하나(김) a. 쇠 b. 금 c. 돈, 화폐 d. 금나라(金--) e. 누른빛 f. 귀하다
門 문 문 1. 문 2. 집안 3. 문벌(門閥) 4. 동문(同門)

요금문

 빛나는〔曜〕 금빛〔金〕이라는 뜻의 요금문은 금호문과 마찬가지로 금(金)이라는 글자가 서쪽이라는 방향성을 나타내고 있다. 돈화문에서 약 400m 정도 떨어진 서쪽 담장에 있다. 그런데 요금문이라는 한자가 어쩐지 눈에 많이 익은 듯해서 글자의 순서를 약간 바꿔 보았더니 금요일(金曜日)에서 본 글자임을 금방 알 수 있다. 요일(曜日)은 1주간의 각 날짜에 음양오행(천문도상에서 상대적 위치가 바뀌는 7천체, 즉 해와

달과 태양계 내의 5행성(목성, 화성, 토성, 금성, 수성)으로부터 생성된 이론 체계)을 대입하여 만든 것이다. 즉 해[日]가 빛나는[曜] 날은 일요일(日曜日), 달[月]이 빛나는[曜] 날은 월요일(月曜日), 화성[火]이 빛나는[曜] 날은 화요일(火曜日) … 이런 식이다. 따라서 금요일은 금성[金]이 빛나는[曜] 날임을 알 수 있다. [영어도 마찬가지여서 일요일(Sunday)은 해(Sun)의 날(Day), 월요일(Monday)은 달(Moon)의 날(Day) … 이런 식이다.]

한편, 이 요금문은 인현왕후와 관련이 깊은 문이다. 장 희빈 때문에 중전 자리에서 쫓겨날 때도, 그리고 다시 중전 자리로 돌아올 때도 이 문을 거쳤음이 실록에 기록되어 있다.

숙종 15년(1689) 5월 2일
중궁(中宮)이 소교(素轎)를 타고 요금문(曜金門)으로 나가서 본가로 돌아가니, 조사(朝士)로서 파산(罷散)에 있는 자와 유생(儒生)들이 곡(哭)하면서 따르는 이가 넓은 길을 메웠고, 이조 좌랑 이현조는 공해(公廨: 관가(官家)의 건물)에 들어가서 뜰아래에서 통곡하였다. …(후략)…

숙종 20년(1694) 4월 12일
…(전략)… 비(妃)가 마지못하여 한 벌의 웃옷을 여느 때에 입는 명주 옷 위에 걸치고 오시(午時)에 옥교를 타고 의장을 갖추고서 요금문(耀金門)으로부터 서궁(西宮)의 경복당에 들어갔다. …(후략)…

景	볕	경	1. 볕, 햇빛, 햇살 2. 해, 태양 3. 경치, 풍치, 풍물 4. 바람의 이름 5. 남풍, 온화한 바람 6. 환하다, 빛나다 7. 경사스럽다, 상서롭다 8. 우러러보다, 숭배하다 9. 크다(=京)
秋	가을	추	1. 가을 2. 때, 시기 3. 세월 4. 해, 1년
門	문	문	1. 문 2. 집안 3. 문벌(門閥) 4. 동문(同門)

경추문

 가을(秋) 햇볕(景)이라는 뜻의 경추문은 창덕궁 서쪽 담장에 있는 문으로서 금호문과 요금문 사이에 있다. 돈화문으로부터는 약 250m 정도 떨어진 곳에 있으며 현판은 없다. 궁궐 밖에서 보았을 때 이 문으로부터 북쪽으로 한국불교미술박물관 앞까지 약 100m가량 주차공간이 시작된다. 금호문과 요금문이 궁궐의 서쪽이라는 방향성을 나타내기 위하여 오행의 금(金)이라는 글자를 사용한 것에 비해 경추문은 가을 추(秋) 자를 사용했다. 이는 오행을 방위와 계절별로 배치할 때 가을은 서쪽에 해당되는 것으로서〔木:東(春), 火:南(夏), 土:中(長夏), 金:西(秋), 水:北(冬)〕경복궁의 서문인 영추문(迎秋門)과 같은 원리를 적용한 것이다.

원래 경추문은 장렬왕후(인조의 계비, =자의대비(조 대비), 예송논쟁의 당사자)를 편히 모시기 위해 인정전 서쪽에 대비전으로 사용할 만수전(萬壽殿)을 새로 건립하면서 가장 가까운 궁궐 담장에 새로 만든 문이었다. 그러나 30년 뒤 만수전이 화재로 소실되었고, 이후 복원되지 못하자 경추문의 역할도 없어지게 되었다. 따라서 문은 그 자리에 있되, 열고 닫을 일이 없는 문으로 남게 되었다.

우리 역사에서는 경추문이 매우 중요한 사건의 배경으로 등장한 적이 있었는데 바로 정조암살미수사건이다. 정조 1년(1777) 7월 28일, 일부 노론 세력이 조직한 암살단이 정조가 머무르던 경희궁의 존현각 지붕까지 몰래 침입했다가 발각된 적이 있었는데 그때는 모두 도망가서 잡지 못했다. 당시 안위가 걱정된 정조는 처소를 경희궁에서 창덕궁으로 옮겼는데 암살단은 대담하게도 또다시 8월 11일 창덕궁의 경추문 북쪽 담장을 넘다가 경추문 수포군(守鋪軍)들에게 체포되어 일망타진된 사건이다.

| 建 | 세울 | 건 | 1. 세우다 2. 일으키다 3. 아뢰다(말씀드려 알리다) |

建 세울 **건** 1. 세우다 2. 일으키다 3. 아뢰다(말씀드려 알리다)

武 호반 **무** 1. 호반(虎班: 무관(武官)의 반열(班列)) 2. 무인(武人) 3. 무사(武士), 병사(兵士) 4. 군대의 위용, 무위(武威) 5. 병법, 전술 …

門 문 **문** 1. 문 2. 집안 3. 문벌(門閥) 4. 동문(同門)

    창덕궁의 북쪽 담장에 딸린 평대문 형식을 취한 건무문의 뜻은 '현무〔武〕의 기운을 세우다〔建〕'로 해석할 수 있는데, 북쪽의 수호신인 현무라는 이름에서 알 수 있듯이 방향성을 나타내고 있다. 이는 경복궁의 신무문(神武門), 계무문(癸武門), 광무문(廣武門), 창무문(彰武門), 무청문(武淸門)이 모두 북쪽의 문인 것과 마찬가지 원리다. 다른 궁궐문과는 달리 현판이 안쪽으로 걸려있는데 칠은 되어 있지 않은 상태다. 이 문은 아쉽게도 현재 출입통제구역 내에 있으므로 일반인이 현판을 직접 볼 수는 없다. 이 문밖으로는 성균관대학교 운동장과 금잔디광장이 펼쳐져 있다.

창덕궁
궐내각사(闕內各司) 일원

궐내각사

內 안 내 1. 안, 속 2. 나라의 안, 국내 3. 대궐, 조정, 궁중 4. 뱃속 5. 부녀자 6. 아내 7. 몰래,
　　　　　가만히 8. 비밀히 9. 중(重)히 여기다, 친하게 지내다 a. 들이다(=納) …

奎 별 규 1. 별, 별자리의 이름, 규성(奎星) 2. 글, 문장(文章) 3. 가랑이

章 글 장 1. 글, 문장(文章) 2. 악곡(樂曲)의 단락 3. 시문(詩文)의 절, 단락 4. 구별 5. 기, 표
　　　　　지(標識) 6. 모범, 본보기 7. 조목(條目) 8. 법(法), …

閣 집 각 1. 집 2. 문설주 3. 마을 4. 관서 5. 궁전 6. 내각(內閣) 7. 다락집 …

규장각

　　돈화문을 들어서자마자 약 100m 앞 맞은편에 보이는 곳이 궐내
각사 구역이다. 이곳에는 현재 금천을 끼고 좌·우측에 내각(규장각),
검서청, 봉모당, 책고, 예문관, 옥당(홍문관), 약방(내의원), 선원전 등
의 전각들이 밀집된 형태로 배치되어있다. 그중에서도 정면으로 현
판이 보이는 내각(內閣)은 규장각(奎章閣)의 별칭인데, 내규장각(궁궐 내

내각 현판

의 규장각)의 줄임말이다.

문운(文運)을 주관한다는 별자리 규(奎)성의 글과 문장(章)을 모았다는 뜻의 규장각은 정조가 즉위한 1776년 궐내에 설치되었고, 역대 국왕의 시문, 친필 서화, 고명(顧命: 임금의 유언), 유교(遺敎: 죽을 때 남긴 명령), 선보(璿譜: =王世譜, 왕의 족보), 보감(寶鑑: 후세에 본보기가 될 만한 귀중한 일이나 사물. 또는 그런 것을 적은 책) 등을 보관·관리하던 곳으로 출발했다. 그 때문에 규장각은 왕실도서관이라는 인식이 많이 퍼졌다. 내각의 구성은 본부인 이문원(摛文院)을 비롯하여 서고(書庫) 시설로서 주합루(宙合樓)·봉모당(奉謨堂)·열고관(閱古觀) 및 개유와(皆有窩)·서고(西庫)·이안각(移安閣: 書香閣이라고도 함) 등이 있었다. '내각' 현판이 걸린 행각 출입문을 지나면 다시 왼쪽으로 비스듬히 있는 일각문이 있는데 그 문을 들어서면 정면으로 규장각 건물이 보인다.

규장(奎章)을 국어사전에서 찾아보면 '임금이 쓴 글이나 글씨'라고 나오는데 특히 규(奎)는 임금과 관련이 있다. 왜냐하면 규(奎)는 글자 윗부분이 글월 문(文)자와 생김새가 비슷하기도 하거니와 별자리 28수 중에서 서방의 7개 별자리[모두 모이면 백호白虎 모양이 된다]인 규[1]루[2]위[3]묘[4]필[5]자[6]삼[7](奎婁胃昴畢觜參)의 첫 번째이기에, 최고 지존인 임금의 글과 문장을 뜻한다.

규장각은 초기 학술기관에서 점점 성격이 정책기구로 변해갔는데 이는 정조의 숨은 의도가 작용했기 때문이다. 정조는 규장각을 통해 당시 왕권을 위태롭게 하던 노론 및 척신들의 음모와 횡포를 누르고 신하 중에서도 학식과 경륜이 뛰어났던 사람들을 따로 모아 경사(經史)를 토론시키고, 정치의 득실과 백성의 고통을 살피는 등 다방면에 걸쳐 당시의 적폐를 개혁하고자 했다. 이를 위해서는 정조의 친위세력을 형성할 인적자원이 필요했는데 사색당파에 얽힌 기존의 사대부 출신 인재들로서는 뚜렷한 한계가 있었기에 이를 타개하고자 정조는 과감히 서얼을 등용해서 규장각의 요직에 앉혔다.

한편, 내각(內閣)이라는 말은 곧 외각(外閣)이라는 말이 있음을 암시한다. 내각에 보관하던 귀중한 문서 중에서도 최고 등급인 일부 어필과 어제, 어람용 의궤 등을 화재나 각종 환란으로부터 지켜내고자 천혜의 요새 강화도에 강도외각(江都外閣)을 따로 구성하여 봉안했으니, 강도외각은 곧 강화도의 외규장각이다. 그러나 그토록 심혈을 기울였던 그곳마저도 훗날 병인양요 때 프랑스군에 약탈을 당하게 된다.

든든한 후원자였던 정조가 사망한 이후 규장각의 정책기능은 소멸하고 초기의 왕실도서관 기능만 남게 되었다. 그래도 근근이 존속되어오던 규장각의 서적들은 고종 때 경복궁이 중건되면서 한때 경복궁 집옥재(集玉齋) 등으로 분산, 보관되었다가 1910년 국권피탈 이후 모든 궐내 서적류는 조선총독부의 관할이 되었고 여러 곳을 거친 후 경성제국대학으로 최종 이관되었다. 해방 후에는 서울대학교로 바뀌면서 지금은 서울대학교 내 신축건물로 이전하여 '서울대학교 규장각'이라는 독립된 기관이 되었다.

檢 검사할 검 1. 검사하다 2. 조사하다 3. 단속하다 4. 검속하다 5. 금제하다(禁制) 6. 봉함(봉한 곳에 하는 표시) 7. 법식(法式) 8. 본 …
書 글 서 1. 글, 글씨 2. 글자 3. 문장 4. 기록 5. 서류 6. 편지 7. 장부 8. 쓰다
廳 관청 청 1. 관청(官廳), 관아(官衙) 2. 마루, 대청(大廳) 3. 마을 4. 건물(建物)

검서청

 규장각의 동쪽에 나란히 자리 잡고 있는 검서청은 각종 글(書)과 서적을 검사(檢)한다는 뜻을 지닌 규장각의 부속 건물로, 규장각 소속 검서관(檢書官)들이 입직(당직)을 서던 곳이었다. 이들의 주요 직무는 규장각의 관료들을 보좌해 각종 문서, 서적을 검토하고 필사하는 일이었는데 그 밖에도 어진(御眞) 관리, 왕의 행차 수행 및 어제(御製)·일성록(日省錄)·명령문 등을 관리하였다. 이 관직은 특별히 서얼 출신들을 위해 마련되어, 명문가의 서얼 가운데서 학식과 재능이 탁월한 자들로서 임명하였는데, 초대 검서관으로는 이덕무·유득공·박제가 등 저명한 북학파(北學派) 서얼 학자들이 활동했다.

雲 구름 운 1. 구름 2. 습기 3. 높음, 많음, 멂, 덩이짐, 성(盛)함의 비유
漢 한수 한 1. 한수(漢水), 물의 이름 2. 한나라(漢--) 3. 종족의 이름 4. 은하수 5. 사나이, 놈
門 문 문 1. 문 2. 집안 3. 문벌(門閥) 4. 동문(同門)

운한문

    운한문과 봉모당은 규장각의 바로 뒤편에 있다. 국어사전에서 운한(雲漢)을 찾으면 '은하수'라고 나온다. 은하를 강에 비유한 성한(星漢), 은한(銀漢), 천한(天漢), 하한(河漢)이 모두 같은 표현이다. 그럼 왜 문의 이름에 뜬금없이 하늘에 떠 있는 은하수라는 뜻을 담았을까? 그 이유는 운한문이 하늘, 곧 임금을 상징하는 봉모당(奉謨堂)의 정문이기 때문이다.

奉 받들 봉 1. 받들다 2. 바치다 3. 섬기다, 힘쓰다 4. (제사를) 지내다 5. 기르다, 양육하다
6. 이바지하다 7. 돕다 8. 편들다 9. 준수하다 10. 보전하다 11. 대우하다 12. 녹봉 …

謨 꾀 모 1. 꾀, 계책(計策) 2. 그릇의 이름 3. 꾀하다, 계획하다 4. 속이다 5. 없다

堂 집 당 1. 집, 사랑채 2. 마루, 대청 3. 근친(近親), 친족(親族) …

봉모당

 봉모당은 규장각의 주요 시설 중 하나로 역대 선왕의 유품을 보관하던 전각이다. 국가의 대계(大系: 큰 체계)인 모훈(謨) 자료를 받들어[奉] 모신다는 뜻의 봉모당(奉謨堂)은 규장각의 여러 시설 중에서도 으뜸가는 지위를 차지하고 있다. 모훈(謨訓)이란 『서경(書經)』의 「대우모(大禹謨)」나 「고요모(皐陶謨)」와 같이 임금과 신하가 국정에 관해 서로 논의한 것을 적은 글과 임금이 백성에게 가르치고 타이르는 것을

창덕궁-궐내각사(闕內各司) 일원 039

적은 것이다. 이 모훈 자료에는 어제(御製: 임금이 몸소 지은 글)·어필(御筆: 임금의 친필)·어진(御眞: 임금의 초상이나 사진)·고명(顧命: 임금의 유언)·유고(遺誥: 선왕이 남긴 교훈)·밀교(密敎: 임금의 비밀 교서)·선보(璿譜: 왕위 계승 족보)·세보(世譜: 왕실 족보)·보인(寶印: 어보와 관인) 등이 포함된다.

모훈 자료에 대해서는 받들어서〔奉〕저장〔藏〕한다는 뜻의 봉장(奉藏)이라는 특별한 표현을 쓰면서까지 소중하게 관리하는 것을 규장각의 공식 기능 중에서 으뜸으로 여겼고, 그 기능은 개창 초기부터 조선 말기까지 엄격하게 수행되어 왔다. 그로인해 소중한 자료가 오늘날까지 전해지며, 현재는 한국학중앙연구원 장서각 등지에서 관리하고 있다.

봉장(奉藏)과 관련된 의식으로는 매년 봄·가을에 임금이 왕세자와 더불어 예복을 갖추고 정해진 의식절차에 따라 엄숙하게 봉모당에 참배하는 전배의(殿拜儀)를 실시하였고, 매달 두 번씩 규장각 각신(閣臣) 2인으로 하여금 봉심(奉審: 왕명으로 보살핌)하게 하였다. 또한, 새로운 모훈 자료를 봉장할 때에도 임금이 직접 행하거나〔이를 친행(親行)이라 함〕각신이 대행하였는데〔이를 섭행(攝行)이라 함〕, 역시 예복을 갖추고 일정한 의식절차에 따라 엄숙하게 글을 봉안하는 의식인 봉서의(奉書儀)가 이루어졌다.

모훈 자료의 보존관리에도 신중을 기하였는데 매년 1회씩 습기에 젖거나 축축한 것을 바람에 쐬고 볕에 말리는 작업인 포쇄(曝曬)와 먼지떨이 작업을 하였다. 이 경우도 일정한 의식절차를 밟아 실시하였으며, 포쇄 전후에 하던 격려와 포상 행사까지도 임금이 신하에게 술을 하사하던 의식인 선온의(宣醞儀)에 따라 행하였다. 운한문은 평소 닫혀 있기 때문에 봉모당 현판은 먼발치에서만 봐야 한다.

冊 책 **책** 1. 책, 문서 2. 꾀 3. 칙서 4. 계획, 계략 5. 책을 세는 말 6. 세우다, 봉하다
庫 곳집 **고** 1. 곳집(곳간(庫間)으로 지은 집) 2. 곳간 3. 창고 4. 문(門)의 이름

책고

　책고는 말 그대로 책(冊)을 보관하던 창고(庫)라는 뜻이다. 다른 표현으로는 서고(書庫)라고도 한다. 책고 건물은 모두 3개나 있는데 봉모당을 둘러싸면서 서쪽과 북쪽에 각각 건물이 있고, 또한 좀 더 떨어진 북쪽에도 정면 10칸짜리 긴 책고가 있다. 규장각의 기본적인 기능이 왕실도서관이었으니 당연히 보관할 책도 많았을 것이다.

　또한, 책고라는 건물 자체의 표현에는 창고를 의미하는 고(庫) 자가 쓰였지만, 동궐도형〔창덕궁과 창경궁의 평면배치도〕 도면 속에서 확인된 책고의 공간은 한칸 한칸이 모두 마루나 대청을 뜻하는 청(廳)으로

표시되어 있다.〔도면 속의 고(庫)라는 표시는 바닥이 마루가 아니라 전돌이 깔려있거나 그냥 흙바닥을 의미한다〕 따라서 책고의 공간이 모두 청(廳)으로 표기된 것은 단순 창고가 아니라, 책의 보관을 위해 바닥으로부터 올라오는 습기 제거를 목적으로 마루 시설을 하고 있음을 알 수 있다.

앞서 봉모당 쪽에서도 살펴보았듯이 책의 습기 제거를 위한 별도의 작업을 포쇄(曝曬)라고 한다. 봉모당 역시 모든 공간이 청(廳)으로 되어 있음은 두말할 필요도 없다. 이는 규장각과 검서청이 방(房), 청(廳), 루(樓)가 혼합된 구조인 것과는 대비 되는데, 규장각과 검서청은 관원이 상주하는 공간이기에 난방을 위한 방(房)과 더운 여름을 나기 위한 루(樓)가 필요했기 때문이다. 아울러 규장각과 검서청을 둘러싸고 있는 행각에는 아궁이가 있는 부엌〔廚부엌 주〕과 단순 창고〔庫곳집 고〕, 문짝이 없는 헛간〔虛빌 허〕 그리고 화장실〔廁뒷간 측〕도 곳곳에 배치되어있음을 동궐도형을 통해 알 수 있다.

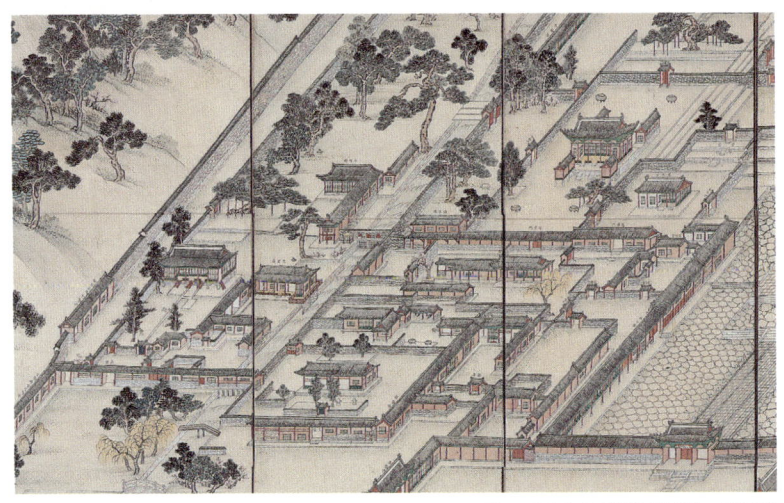

동궐도-궐내각사 부분 [동아대학교 박물관]

玉 구슬 옥 1. 구슬 2. 옥(玉) 3. 아름다운 덕(德) 4. 미칭(美稱), 상대편의 것을 높여 이른 말
5. 옥(玉)과 같은 사물의 비유 6. 아름답다 7. 훌륭하다 8. 가꾸다 9. 소중히 하다

堂 집 당 1. 집, 사랑채 2. 마루, 대청 3. 근친(近親), 친족(親族) …

옥당

옥[玉]처럼 귀한 집[堂]이라는 뜻의 옥당은 학문[文]을 넓힌다[弘]는 의미의 홍문관(弘文館)을 달리 부르는 이름이다. 금천교를 지나자마자 북쪽으로 옥당의 정문이 보인다. 홍문관은 이름에서도 알 수 있듯이 기본적으로는 학술기관이며, 그 때문에 왕의 자문에도 자주 응하다 보니 자연스럽게 언론기관의 역할도 겸했다. 따라서 홍문관은 감찰 기관인 사헌부(司憲府), 국왕에 대한 간쟁(諫諍)·논박을 담당했던 사간원(司諫院)과 더불어 언론 삼사(三司)라고 불렸다.

또한, 홍문관을 포함한 삼사의 관원과 이조의 전랑(정랑+좌랑)은

청요직(淸要職)의 대표적인 상징이었다. 청요직은 글자 그대로 청렴〔淸〕해야만 하는 중요한〔要〕 자리〔職〕였다. 조선의 언론기관은 관료들의 내부 감찰〔사헌부〕 또는 왕에 대한 정책 비판〔사간원. 홍문관〕 등 국가를 위해서는 꼭 필요한 역할이지만, 관료 조직 내부에서는 따돌림을 당하거나 왕의 미움을 받기 쉬운 역할을 수행해야 했기에 정상적이라면 기피의 대상이 될 수밖에 없었다. 그러나 조선왕조에서는 반드시 그런 역할을 거쳐야만 정승·판서가 될 수 있는 필수 엘리트 코스였고, 또한 제도적인 신분 보호장치까지 마련해 주었기에 오히려 선망의 대상이 되었다.

특히 홍문관의 관원이 되면 가문이나 본인에게 특별한 허물이 없는 한 출세가 보장되었고, 정승이나 판서를 지낸 사람으로서 홍문관을 거치지 않은 경우는 거의 없을 정도였다. 이러한 언관(言官=諫官)에게 주어졌던 신분 보호장치 및 특권으로는 크게 두 가지가 있었는데, 하나는 소문만으로도 고위 관료를 탄핵할 수 있는 풍문거핵(風聞擧劾), 나머지는 자신이 주장한 것의 근거를 대지 않아도 무방하다는 불문언근(不問言根)이었다. 그러나 조선 후기로 갈수록 이런 특권을 지나치게 의식하다 보니 당쟁이 격화될수록 청요직을 노리는 정치적 대결 구도가 강화되는 부작용이 매우 심했다.

藝 재주 예 1. 재주 2. 기예(技藝) 3. 법도(法度) 4. 학문(學問) 5. 법(法) 6. 글 7. 과녁 8. 심다 9. 재주가 있다 10. 나누다 11. 극진하다

文 글월 문 1. 글월, 문장(文章) 2. 어구(語句), 글 3. 글자 4. 문서 5. 서적, 책 6. 문체의 한 가지 7. 채색(彩色), 빛깔 8. 무늬 …

館 집 관 1. 집 2. 객사 3. 관사 4. 마을 5. 학교 6. 별관 7. 가게 8. 상점 9. 묵다 10. 묵히다

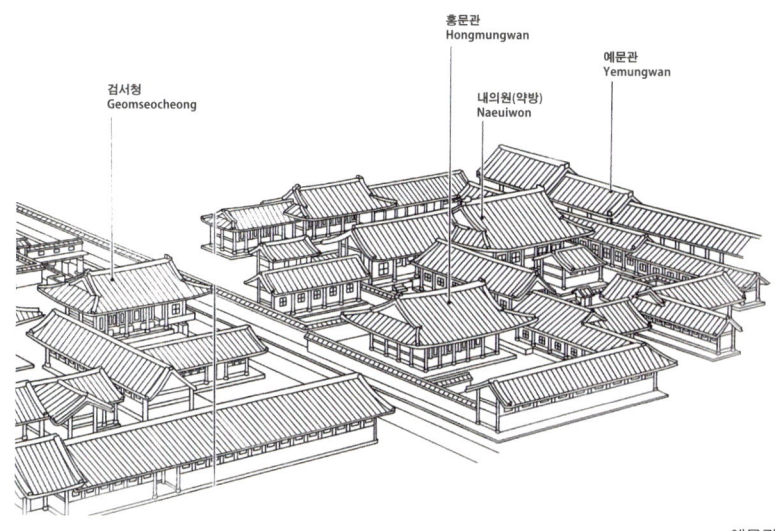

예문관

 임금의 말이나 명령을 대신 짓기 위해 설치한 예문관은 학문[藝]과 문장[文]을 담당하는 관서로서, 또 다른 별칭으로는 한림(翰林) 또는 한림원(翰林院)이 있다. 궐내각사와 인정전 마당을 구분 짓는 행각 속 최북단 향실 바로 남쪽에 위치하고 있는데 출입문은 궐내각사 쪽에 있다.

 유교 문화권에서 예(藝)는 흔히 육예(六藝)를 의미한다. 이는 고대

중국 주나라 시절(춘추전국시대 포함)에 행해지던 6개의 기본 교육과목으로서 예[1](禮), 악[2](樂), 사[3](射), 어[4](御), 서[5](書), 수[6](數)이며, 이는 각각 예의범절[1], 음악[2], 활쏘기[3], 말타고 마차몰기[4], 붓글씨[5], 수학[6]에 해당한다고 여겨진다. 그런데 육예를 자세히 살펴보면 문(文)과 무(武)가 분리되지 않았음을 알 수 있다. 우리는 사(士)라는 글자를 이해할 때 글공부하는 선비만을 뜻하는 것으로 생각하기 쉽지만 실제로는 무사(武士), 검사(劍士), 군사(軍士), 병사(兵士) 등에도 쓰이고 있어서, 사(士)의 본래 뜻은 일반적인 남자를 뜻하는 것임을 알 수 있다.

원래 궁중 학술기관으로는 고려 때부터 존속해 오던 집현전(集賢殿)이 있었는데 그 기능이 세종 때 한층 강화되어 학술·언론 기관으로서 역사상 최고의 지위와 성과를 자랑하고 있었다. 그러나 세조의 왕위찬탈에 반대하며 단종의 복위를 꾀하던 사육신(死六臣)이 대부분 집현전 출신임이 밝혀지자 세조는 집현전을 혁파하였고, 이후 학술 기능은 예문관으로, 그리고 언론 기능은 홍문관으로 넘어가게 되었다. 학술 기능을 담당한다는 것은 곧 많은 서적을 관리함을 뜻한다. 따라서 예문관 건물은 거의 대청과 창고 및 누각으로 구성되어 습기로부터 책을 보호하고 관리하기에 좋은 환경으로 꾸몄다. 그 때문에 인정전 쪽에서 바라보면 예문관 건물의 뒷벽은 흙벽이 아니라 통풍이 잘 되는 나무판벽으로 마감된 것을 볼 수 있다.

예문관 소속 정7품 이하 8명의 하급관리[봉교2, 대교2, 검열4]는 모두 시정(時政)을 기록하는 일을 맡아보던 춘추관의 기사관(記事官)을 겸하였고 전문적으로 춘추관의 일을 전담하였는데, 이들을 사관(史官), 또는 한림(翰林)이라고 하였다. 따라서 8명의 사관들은 번을 갈라 왕명을 출납하는 승정원의 승지와 함께 궁중에서 숙직하면서, 조회(朝會)·조참(朝參)·상참(常參)·윤대(輪對) 등 국왕이 참석하는 정례행사는 물론, 모든 중대 회의에 참석하여 회의록을 기록하고, 사초(史草)를 작성하였으며, 시정기(時政記)를 편찬하여 실록편찬의 기초 자료로 삼았다.

흔히들 조선 국왕은 실록을 절대 볼 수 없었다고 알고 있고 이는 이제 국민적 상식이 되었다. 그러나 실록을 찾아보면 왕이 실록을 보았다는 기사를 몇 군데에서 찾을 수 있다.[검색어=見實錄] 그것도 연산군처럼 막돼먹은 폭군이 아니라 세종, 영조, 정조처럼 성군으로 칭송받는 왕이다.

영조 41년(1765) 9월 23일
임금이 대신과 비국 당상을 인견하였다. 임금이 재이(災異)로써 놀라고 두려워하여 하교하기를, "저번에 실록의 어제(御製) 가운데에 '깊은 연못에 임하고 얇은 얼음을 밟는 듯 경계한다.'라는 구절이 있음을 보았다. …(후략)…

정조 3년(1779) 10월 10일
월근문(月覲門)을 세웠다. 하교하기를, "내가 저궁(儲宮: =세자궁, 세손궁)에 있을 때에 실록을 보니, 영묘(英廟: =영조) 때에 종묘 북쪽 담과 궁성(宮城) 남쪽 담이 서로 닿은 곳에 한 문을 창건하고 초하루·보름마다 소여(小輿)를 타고 위사(衛士) 없이 가서 전배례(展拜禮)를 행하셨다 하였는데, …(후략)…

정조 8년(1784) 7월 27일

하교하기를, "동궁(東宮)의 책봉 예식에는 아홉 가지 의식이 있는데, …(중략)… 그러나 조종조(祖宗朝)에서 예법을 마련한 성대한 뜻을 상세하게 갖추어야 할 것이다. <u>그리고 실록을 상고해 온 것을 보아도</u> 국초(國初)에 모두 이 의식 절차를 적용하였다. …(후략)…

세종 20년(1438) 9월 25일

…(전략)… 하교하기를, "내가 친히 태종께 듣자오니 …(중략)… <u>태종 실록은 내가 볼 수 없는 것이고, 춘추관으로 하여금 태조와 공정 대왕(恭靖大王=정종)의 실록을 대내로 들여오도록 하라.</u>" 하였다. 임금이 실록을 보고는 도로 김돈에게 내어주며 말하기를, …(후략)…

다만 세종실록에 기록된 내용으로 미루어 짐작하자면 바로 직전 왕의 실록은 볼 수 없으나 그 이전의 다른 왕의 실록은 볼 수 있는 것으로 해석될 여지가 있는데 이에 대한 것은 좀 더 연구가 필요할 듯 하다. 결론적으로 '조선 국왕은 실록을 절대 볼 수 없었다'라는 표현보다는 '조선 국왕은 실록을 함부로 볼 수 없었다'가 더 적절한 표현인 것 같다. 그리고 예문관은 출입통제구역 내에 있으므로 일반인이 직접 현판을 볼 수는 없다.

藥 약 **약** 1. 약 2. 약초 3. 구릿대 4. 구릿대의 잎 5. 작약 6. 사약(賜藥) 7. 독 8. 아편…
房 방 **방** 1. 방, 곁방 2. 규방, 침실 3. 거실 4. 관아 5. 사당 6. 집, 가옥 7. 전동(箭筒) 8. 아내, 처첩 9. 방성(房星) …

약방

옥당의 동북쪽에는 왕의 약을 조제하던 관청인 약방(藥房), 즉 내의원(內醫院)이 자리 잡고 있다. 내의원의 별칭으로는 내국(內局), 내약방(內藥房) 또는 약원(藥院) 등의 이름도 있었는데, 양반을 치료하던 전의원(典醫院: =전의감典醫監)과 평민을 치료하던 혜민서(惠民署)와 더불어 삼의원(三醫院)이라 불렸다. 내의원은 궁궐 안에 있어서 내의사(內醫司)로도 불렸고, 궁궐 밖에 있는 전의감(典醫監)과 혜민서(惠民署)는 외의사(外醫司)라고도 하였다.

그런데 창덕궁 내의원의 위치를 후원으로 가는 길목의 성정각(誠

성정각 조화어약, 보호성궁

正閣)으로 알고 있는 사람들이 많다. 왜냐하면, 약방의 역할을 나타내는 조화어약(調和御藥), 보호성궁(保護聖躬)이라는 두 현판이 현재 성정각의 남쪽 맞은편 건물에 붙어 있고, 약을 찧던 약 절구도 그 앞마당에 있기 때문이다. 그러나 동궐도〔창덕궁과 창경궁을 조감도 식으로 그린 대형 그림〕나 동궐도형〔창덕궁과 창경궁의 평면배치도〕을 보면 옥당의 동북쪽에 분명 약방이 있고, 동궐도에는 약연(藥碾: 약제를 갈아 가루로 만드는 기구)의 모습도 선명하게 보인다. 이렇게 한 궁궐 안에 약방이 두 곳이나 있게 된 사연은 순종 때 창덕궁이 개조되면서 기존 궐내각사에 있던 내의원이 헐리고, 현판과 의약 도구들이 옮겨졌다고 하는데, 이때 내의원 전체가 성정각으로 이동한 듯하다.

일반인들에게 내의원이라고 하면 TV 사극을 통해 많이 알려진 '대장금과 허준'이 떠오를 것이다. 다른 사료를 통해 비교적 많이 알려진 허준과는 달리 대장금은 중종실록에만 9차례 단편적으로 등장할 뿐, 다른 기록은 전혀 없다. 하지만 그 9번의 실록 기사만 읽어보더라도 대장금이 얼마나 대단한 인물이었는가를 알 수 있다.

우선, 대장금은 중종 10년(1515)부터 중종 39년(1544)까지 기록이 있으므로 30년 가까이 궁궐에서 의녀로 활동했음을 알 수 있다. 중종 19년(1524) 12월 15일 기사에서는 기존의 장금(長今)이란 호칭이 대장금(大長今)으로 바뀌는데 이미 그 당시의 의녀들 중에서는 최고 수준에 도달해 있어서 다른 의녀들에게는 급료로서 반-체아직(파트타임 근무직)을 주던 것과는 달리, 대장금에게만 전-체아직(풀타임 근무직)을 주라는 어명이 내려졌다.

그다음 기록인 중종 28년(1533) 2월 11일 기사에서는 왕이 여러 달 병을 앓다가 회복되어 내의원 관원들에게 포괄적으로 포상하는 내용이 나오는데, 여기에 대장금이 포함된 것으로 봐서는, 대장금이 드디어 중궁전이나 대비전뿐만 아니라 임금의 치료에도 관여하기 시작했음을 유추해 볼 수 있다. 또한, 이로부터 11년이 지난 중종 39년(1544) 1월 29일과 2월 9일 기사에는 중종의 감기 치료에 대장금이 직접 의료행위를 하여 포상받은 내용이 나온다. 조선과 같은 봉건적 유교 사회에서 의녀 신분으로 감히 옥체를 직접 치료하는 수준에 이르렀음은 정말 대단한 일이 아닐 수 없다.

창덕궁
구선원전(舊璿源殿) 일원

구선원전 잡상

舊	옛	구	1. 예, 옛 2. 오래 3. 늙은이 4. 친구 5. 구의(舊誼) 6. 묵은 사례 7. 오랜 집안 8. 평소, 일상 9. 부엉이, 올빼미 …
璿	구슬	선	1. 구슬 2. 옥(玉) 3. 선기(천문 관측 기기, 혼천의)
源	근원	원	1. 근원 2. 기원(起源·起原) 3. 출처 4. 수원(水源) 5. 발원지(發源地)
殿	전각	전	1. 전각(殿閣), 궁궐(宮闕) 2. 큰 집 3. 절, 사찰(寺刹) 4. 전하(殿下)

구선원전

 창덕궁 구선원전은 규장각과 봉모당의 동북쪽, 인정전의 서쪽에 있다. 선원전의 핵심 글자는 선(璿)이다. 선(璿)은 1차적으로는 옥(玉)이나 구슬과 같은 귀한 보배를 상징하지만, 2차적으로는 의미가 확대되어 왕족을 가리키는 뜻으로도 쓰였다. 따라서 선원은 왕족(璿)의 근원(源) 즉, 왕실의 직계 족보를 뜻하며, 왕실 족보를 담은 책인

『선원록(璿源錄)』, 『선원보략(璿源譜略)』 등의 이름에도 쓰이고 있다.

선원전은 선왕의 어진(초상화)을 모시고 제사를 지내던 진전(眞殿)인데, 선원전의 목적을 한마디로 말하자면 조상 숭배다. 그런데 조상을 숭배하는 목적이라면 궁궐 밖의 종묘도 있는데 궁궐 안에 선원전은 왜 따로 두었을까? 조상을 기리는 목적은 같다고 하더라도 종묘는 단순히 조상의 위패를 모셔두었던 반면, 선원전은 살아생전의 모습을 담은 어진을 모셨기에 추모의 급이 달랐다. 즉 국왕의 입장에서는 마치 살아계신 부모님을 면전에서 모시는 것과 같은 정도로 친숙함을 느꼈고 그만큼 정성을 다했다. 그래서 중요한 정치적 결단을 내리기 전에는 선원전에 들러 선왕의 어진 앞에서 그 사실을 고했고 정치적 명분을 강화하고자 하였다. 대표적인 사례로 영조가 사도세자를 뒤주에 가두기 직전에도 선원전에 들렀었다.

선원전은 원래 창덕궁뿐만 아니라 경복궁과 경운궁(덕수궁)에도 있었는데 현존하는 것은 창덕궁 내의 선원전뿐이다. 그런데 창덕궁에는 선원전이 두 개가 존재한다. 궐내각사 뒤편에 자리 잡은 것은 구선원전이고, 후원 가장 깊숙한 곳에 자리 잡은 것은 신선원전이다. 한 궁궐에 같은 역할의 선원전이 왜 두 개나 있을까?

역대 왕과 왕후의 어진을 모시는 선원전 제도는 조선 전기부터 있었다. 하지만 조선 후기와는 달리 조선 전기에는 어진을 단순히 봉안하는 장소였을 뿐, 제향하는 별도의 의식은 없었다. 또한, 궁궐뿐만 아니라 전주, 영흥, 경주, 평양, 개성 등 전국 각지에도 별도의 진전을 두고 유지했다. 그러던 중 임진왜란을 겪으면서 선원전을 포함, 주요 진전과 어진들이 전소되고 말았다.

이후 살아남은 소수의 어진들이 여기저기 분산되어 체계적인 관리를 받지 못하고 있을 때, 제향을 포함하는 진전 제도를 본격적으로 부활시킨 것은 영조였다. 영조는 선친인 숙종 어진을 창덕궁 내 선원전에 봉안하였고, 궁궐 밖에도 영희전(永禧殿)을 따로 마련하여 태조 이하 역대 주요 왕들의 어진을 모시고 제사를 지냈다. 그 이후 영조와 정조의 어진도 차례로 선원전에 봉안되었다. 순조 초반까지만 해도 선원전은 3실 구조였는데 가운데 칸에는 숙종을, 동쪽과 서쪽에는 각각 영조와 정조를 모셨다. 그러다 헌종 때에는 선왕 순조의 어진을 모실 선원전 공간이 부족해지자 3실에서 5실로 증축하여 제4실과 제5실에 각각 할아버지 순조와 아버지 익종(효명세자를 추존, 이후 문조로 재추존됨)의 어진을 봉안하였다.

이후에도 화재 후 복구 등 여러 변천을 거치다가 고종 때에는 7실 구조를 갖추고 태조[1], 숙종[2], 영조[3], 정조[4], 순조[5], 익종[6], 헌종[7]의 어진을 모셨다. 〔철종의 어진은 선원전에 봉안하지 않고, 종친부의 천한각(天漢閣)이라는 별도의 전각에 봉안하였는데, 철종은 고종의 직계 혈통이 아니었기 때문이다.〕 그러나 순종 즉위 후 곧 국권은 일제에 피탈되었고, 조선총독부의 이왕직(李王職: 일제 강점기에, 조선 왕실의 일을 맡아보던 관청)은 1921년 창덕궁 후원 가장 깊숙한 곳에 12실 규모의 새 선원전을 짓고 궁궐 밖 여기저기에 산재해 있던 역대 왕들의 어진을 취합하여 봉안하였는데, 이는 백성들의 시야로부터 조선 왕실의 존재와 위엄을 감추려는 의도를 노골적으로 드러낸 조치였다. 신선원전에 처음 봉안된 어진은 태조[1], 세조[2], 원종[3], 숙종[4], 영조[5], 정조[6], 순조[7], 문조(익종)[8], 헌종[9], 철종[10], 고종[11]이었으나 이후 순종[12]이 추가되었다.

구선원전 전경

　그러던 중 6.25 한국전쟁 때 모든 어진이 부산으로 옮겨졌는데 불행히도 화재로 대부분 소실되었다. 다만 영조의 초상화만이 거의 온전한 상태로, 그리고 원종과 문조(익종), 철종의 어진은 절반이 불에 탄 상태로 전하고 있다. 구선원전에 걸려있던 선원전(璿源殿) 현판은 현재 신선원전으로 옮겨져서 구선원전에는 현판이 없는 상태다.

養 기를 양　1. (낳아서) 기르다 2. (젖을) 먹이다 3. (심어) 가꾸다 4. 수양하다(收養--) 5. 봉양하다, 공양하다 6. 가르치다 7. 맡다, 관장하다 …

志 뜻 지　1. 뜻 2. 마음 3. 본심 4. 사사로운 생각 5. 감정 6. 기록 7. 표지(標識), 표기(標旗) 8. 문체의 이름 9. 살촉 10. 뜻하다, 뜻을 두다 …

堂 집 당　1. 집, 사랑채 2. 마루, 대청 3. 근친(近親), 친족(親族) …

양지당

뜻(志)을 기른다(養)는 의미의 양지당은 구선원전의 동쪽에 있는 건물로 임금이 선원전에서 제사를 모시기 전에 머물며 재계하던 어재실(御齋室)이다. 양지(養志)를 국어사전에서 찾아보면 글자 그대로의 풀이인 '1. 뜻을 기름. 자기가 마음먹은 뜻을 이루기 위하여 끊임없이 노력함'이라는 것 이외에도 '2. 부모님의 뜻을 받들어 즐겁게 해 드림'이라는 뜻도 있다. 따라서 선왕의 어진을 모신 선원전과의 연관성에

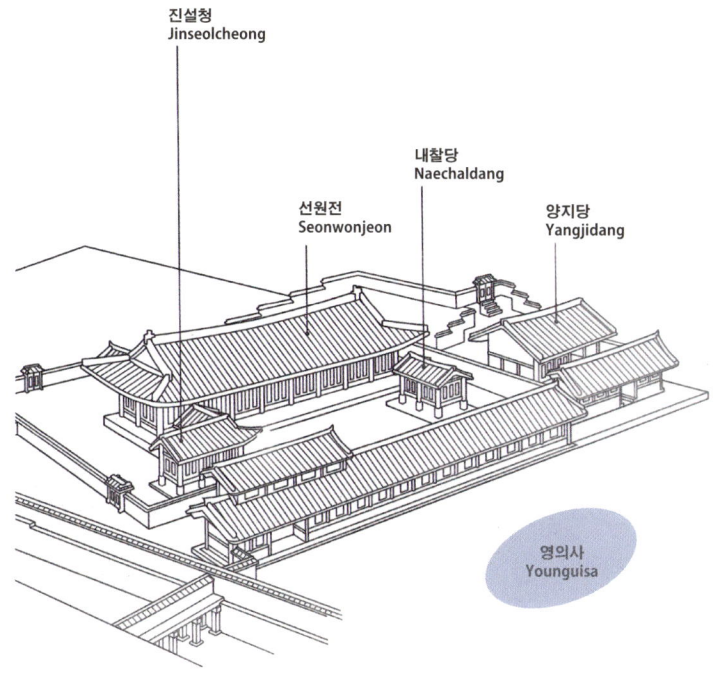

양지당과 영의사

비추어볼 때 후자의 해석이 더 설득력이 있어 보인다.

  구선원전에서 남행각 속 연경문을 지나자마자 현판이 없는 긴 건물의 후면이 앞을 가로막는다. 빙 둘러서 이 건물의 앞마당으로 이동하면 동쪽에는 정면 5칸의 팔작지붕 건물이 있고, 서쪽으로는 정면 6칸짜리 건물이 이어져있는데 이름은 영의사(永依舍)이고 선원전에서 제사를 올릴 때 머무는 재실(齋室)이다. 양지당이 임금이 사용하는 어재실(御齋室)이니 영의사는 양지당의 보조 역할을 한 것으로 보인다. 영의사(永依舍)는 영원히(永) 조상들에게 의지한다(依)는 뜻을 담고 있는데 영조실록에 그 내용이 실려있다.

永	길	영	1. 길다 2. (시간이) 오래다 3. 길게 하다, 길게 늘이다 4. (시간을) 오래 끌다 5. 깊다 6. 멀다, 요원하다 7. 읊다 8. 깊이 9. 길이, 오래도록, 영원히
依	의지할	의	1. 의지하다, 기대다 2. 전과 같다 3. 좇다 4. 따르다, 순종하다 5. 동의하다, 허락하다, 용서하다 6. 우거지다 7. 돕다 8. 믿다 9. 비기다, 견주다 …
舍	집	사	1. 집, 가옥 2. 여관 3. 버리다 4. 포기하다 5. 폐하다 6. 내버려 두다 7. 개의하지 않다 8. 기부하다 9. 희사하다 10. 바치다 11. 베풀다 …

영의사

영조 39년(1763) 6월 9일

임금이 어필(御筆)로 '영원히 이 재사(齋舍)에 의지하리라〔永依舍〕.'라는 세 글자를 써서 내리고 나서 승지에게 명하여 선원전(璿源殿)의 재실(齋室)에 걸게 하였다.

憶 생각할 역　1. 생각하다 2. 기억하다 3. 추억하다 4. 잊지 않다 5. 우울해지다, 울적해지다
　　　　　　 6. 생각, 기억, 추억
昔 옛 석　1. 예, 옛, 옛날 2. 어제 3. 접때, 앞서 4. 저녁, 밤 5. 끝 6. 처음 7. 말린 고기, 포
　　　　　 8. 오래다, 오래되다 9. 끝나다 a. 섞이다, 교착하다 (착)
樓 다락 루　1. 다락 2. 망루(望樓) 3. 집 대마루 4. 층집 5. 점포 6. 동(棟)(단위의 이름)

억석루

　구선원전의 남쪽 행각에는 궁궐에서는 보기 드문 2층짜리 건물이 있고 그 아래층에는 옛날[昔]을 기억[憶]한다는 뜻의 억석루(憶昔樓)라는 현판이 걸려있다. '억석(憶昔)'이라는 단어는 영조가 즐겨 사용했는데 실제로 '憶昔(억석)'으로 조선왕조실록을 검색해보면 영조실록에서만 31개의 기사가 뜬다. 바로 앞쪽에 있는 선원전이 선왕의 어진을 모신 곳이므로 옛날 선왕을 기억한다는 뜻으로도 읽을 수 있지

만, 억석루 남쪽에 있는 내의원과의 연관성을 고려한다면 또 다른 뜻으로 해석될 여지도 있다. 우선, 옛날 선왕을 기억한다는 뜻으로 풀이할 수 있는 영조실록의 관련 기사는 다음과 같다.

> 영조 51년(1775) 3월 23일
> 임금이 덕유당(德游堂)에 나아가 친히 향(香)을 전하고, 친히 '옛날을 돌이켜 생각하니, 영구히 사모하는 마음이 들어 친히 향과 축문을 전한다〔憶昔永慕親傳香祝〕' 8자를 쓰고, 영모당(永慕堂)에 현판(懸板)을 걸도록 명하였는데, 이튿날이 바로 인원 왕비(仁元王妃)의 기일(忌日)이기 때문이었다. …(후략)…

그러나 내의원과 관련되어 풀이할 수 있는 기사도 있으니 다음과 같다.

> 영조 37년(1761) 6월 11일
> 약방(藥房)에서 사전(謝箋)을 올렸다. 임금이 경현당(景賢堂)에 나아가 삼제조(三提調)를 인견(引見)하고, 친히 '들어가 자세히 살피면서 옛날 일을 기억하라.〔入審憶昔〕'라는 네 개의 큰 글자를 써서 약원(藥院)에 게시하도록 명하였으며, 이어서 음식을 내려 주게 하고, 임금이 그대로 대신과 비국 당상을 인견하였다.

억석이 선왕과 관련된 것이 아니라면, 약원 즉, 내의원에 내려준

억석(憶昔)이라는 글에서 뜻하는 옛날이란 도대체 무엇을 의미하는 것일까? 다음 실록 기사 속에 힌트가 있다.

영조 39년(1763) 4월 22일
하교하기를, "사전(祀典: 제사를 지내는 예법)은 크고 작은 것을 논할 것 없이 소홀하게 할 수 없는 것이다. 이제 들으니, <u>내국(內局: 내의원)에서 신농씨(神農氏)를 제사 지내는 일이 있는데</u>, 평상시에 위판(位版: 위패)을 간직해 둠이 매우 소홀하다고 한다. 이후로는 대청(大廳)에 장(欌)을 설치하여 기름을 먹인 독(櫝)으로 덮어 간직하도록 하라." 하였다.

기사 속에 등장하는 신농씨(神農氏)는 고대 중국의 건국 신화에 등장하는 삼황오제(복희¹, 여와², 신농³ / 황제¹, 전욱², 제곡³, 요⁴, 순⁵) 중의 한 사람인데, 글자만 봐도 금방 알 수 있듯이 농업(農)의 신(神)으로 간주되는 인물이다. 그런데 그는 농업의 신뿐만 아니라 의학의 신이기도 했다. 왜냐하면, 신농씨는 농사에 적합한 작물을 알아내기 위해 모든 식물을 대상으로 시험해 보거나 맛을 보았는데 그런 와중에 각종 독초에 중독되는 경험을 하여 약과 독으로서의 식물 효능을 모두 알아내었고, 그것을 최초의 의학서인 『신농본초(神農本草)』에 담았다고 한다. 따라서 영조가 써 준 '입심억석(入審憶昔)'은 옛날 백성들을 위해 약을 최초로 발명한 신농씨의 거룩한 뜻을 생각하면서 약을 잘 만들라는 의도를 내의원에 전하고 있는 것으로 해석될 수 있다. 참고로 덕수궁에도 옛(昔) 선왕(御)들을 기억한다는 뜻의 석어당(昔御堂) 전각이 있다.

報 알릴 보 1. 갚다 2. 알리다 3. 대답하다 4. 여쭈다 5. 치붙다 6. 재판하다 7. 판가름하다
       8. 공초받다 9. 간통하다, 간음하다 10. 나아가다, 급히 …
春 봄   춘 1. 봄 2. 동녘 3. 술 4. 남녀의 정 5. 젊은 나이 6. 정욕(情慾)
門 문   문 1. 문 2. 집안 3. 문벌(門閥) 4. 동문(同門)

보춘문

 구선원전으로 통하는 출입문은 동서남북 방향에 모두 있다. 동쪽에는 양지당으로 통하는 보춘문, 서쪽에는 규장각과 봉모당 쪽으로 통하는 정숙문, 남쪽에는 행각의 가운데쯤 연경문, 북쪽에는 경숙문과 영휘문이 있다.
 먼저 동쪽의 보춘문(報春門)은 봄(春)을 알린다(報)는 뜻이다. 경복궁의 건춘문(建春門)이나 만춘전(萬春殿)의 사례에서 보듯이 오행에서

위: 경복궁 건춘문, 아래: 경복궁 만춘전 현판

동쪽은 봄에 해당하기에 이름 속에 자연스럽게 방위의 개념을 집어넣은 것이다. 보춘문은 언뜻 보기에 양지당에 소속된 출입문으로 알기 쉽다. 그러나 양지당에서 보면 보춘문은 동쪽이 아니라 서쪽이다. 따라서 보춘문의 주인은 양지당이 아니라 선원전임을 알 수 있다.

구선원전 서쪽 담장에 있는 정숙문(正肅門)은 선원전에 딸린 출입문답게 바르고(正) 엄숙하다(肅)는 뜻을 지니고 있는데, 여기에도 방위 개념이 들어있다. 서쪽은 오행에서 금(金)의 기운을 가지며, 계절은 가을에 해당한다. 그리고 가을에는 서리가 내리면서 모든 생명이 시들어가는데, 이를 냉혹하게 죽인다는 뜻으로 숙살지기(肅殺之氣)라고 표현한다. 따라서 숙(肅)이라는 글자는 가을과 서쪽을 뜻하는 것으로 이해될 수 있다. 참고로 가을을 제외한 나머지 사계절의 기운을 표현할 때 봄은 살아있는 생기(生氣), '여름'은 왕성한

正 바를 정 1. 바르다 2. 정당하다, 바람직하다 3. 올바르다, 정직하다 4. 바로잡다
       5. 서로 같다 6. 다스리다 7. 결정하다 8. 순일하다, 순수하다 9. (자리에) 오르다
肅 엄할 숙 1. 엄숙하다 2. 공경하다 3. 정중하다 4. 정제하다 5. 맑다 6. 경계하다 7. 엄하다 …
門 문 문 1. 문 2. 집안 3. 문벌(門閥) 4. 동문(同門)

정숙문

왕기(旺氣)가 되고, '겨울'은 완전히 죽은 사기(死氣)로 분류된다.

구선원전 남쪽 행각에 있는 연경문(衍慶門)은 경사[慶]가 넉넉해서 [衍] 넘쳐나는 문이라는 뜻이다. '연(衍)'이라는 글자는 물을 뜻하는 삼수변(氵)과 간다는 뜻의 행(行)이 합쳐진 글자로 '물이 흘러감, 널리 퍼짐, 넉넉해서 넘쳐 흐름'의 뜻으로 쓰인다. 그래서 글 중에서 쓸데없이 긴 군더더기 글귀를 연문(衍文)이라 한다. 19세기의 실학자

066 창덕궁 창경궁 현판으로 읽다

衍 넓을 연 1. 넓다 2. 넓히다, 확충하다 3. 넘치다, 흐르다 4. 남다 5. 넉넉하다, 풍부하다
6. 지나다 7. 펴다, 산개하다, 배치하다 8. 이끌다, 초빙하다 9. (널리) 퍼지다 …

慶 경사 경 1. 경사(慶事) 2. 선행(善行) 3. 상, 상으로 내리는 것 4. 복, 다행한 일 5. 하례하다
(賀禮--) 6. 경사스럽다, 축하하다 7. 기뻐하다

門 문 문 1. 문 2. 집안 3. 문벌(門閥) 4. 동문(同門)

연경문

이규경이 쓴 백과사전 형식의 책인 오주연문장전산고(五洲衍文長箋散稿)를 어디서 끊어 읽어야 할지 막막하다는 사람이 많다. 일단 맨 앞의 오주(五洲)는 이규경의 호다. 그리고 연문(衍文)은 앞서 설명한 바와 같이 쓸데없이 긴 군더더기 글귀라는 뜻으로 저자의 겸손함을 표현한 말이다. 뒤의 장전(長箋)과 산고(散稿)는 각각 긴〔長〕 글〔箋〕과 흩어진〔散〕 원고〔稿〕인데, 종합하면 동양의 문서분류법에서 백과사전류를

창덕궁-구선원전(舊璿源殿) 일원

永	길	영	1. 길다 2. (시간이) 오래다 3. 길게 하다, 길게 늘이다 4. (시간을) 오래 끌다 5. 깊다 6. 멀다, 요원하다(遙遠·遼遠--) 7. 읊다 8. 깊이 9. 길이, 오래도록, 영원히
輝	빛날	휘	1. 빛나다 2. 비추다 3. 빛 4. 불빛 5. 아침 햇빛
門	문	문	1. 문 2. 집안 3. 문벌(門閥) 4. 동문(同門)

동궐도-영휘문 [동아대학교 박물관]

뜻한다.

　동궐도형을 보면 구선원전의 북쪽 담장에는 2개의 출입문이 있는데, 동북쪽의 문은 영원히〔永〕빛난다〔輝〕는 뜻의 영휘문(永輝門), 서북쪽의 문은 공경〔敬〕하면서 엄숙〔肅〕하라는 뜻의 경숙문(敬肅門)이다. 현재 현판은 영휘문만 걸려있다. 같은 북쪽의 출입문이라도 해가 뜨는 동북쪽의 문에는 빛날 휘(輝) 자를 쓰고, 서북쪽의 문에는 숙살지기(肅殺之氣)의 숙(肅) 자를 썼음을 알 수 있다. 구선원전의 뒤쪽으로는 출입통제구역으로 설정되어 있으므로 일반인이 영휘문 현판을 직접 볼 수는 없다.

萬	알만	만	1. 일 만(一萬) 2. 성(姓)의 하나 3. 현(縣)의 이름 4. 만무(萬無: 절대로 없음) 5. 대단히 6. 매우 7. 매우 많은 8. 여럿 9. 절대로 10. 전혀 11. 많다
壽	목숨	수	1. 목숨 2. 수명(壽命) 3. 장수(長壽) 4. 머리 5. 별의 이름 6. 헌수하다(獻壽--: 장수를 축하하여 술을 드리다) 7. 오래 살다 8. 축수하다(祝壽--: 오래 살기를 빌다)
門	문	문	<u>1. 문</u> 2. 집안 3. 문벌(門閥) 4. 동문(同門)

만수문

    구선원전의 재실인 양지당에도 동서남북 네 방향으로 출입문이 있는데, 서쪽으로는 선원전과 통하는 보춘문이며, 북쪽의 만수문, 동쪽의 만안문, 남쪽에는 만복문이 있다. 먼저 북쪽의 만수문(萬壽門)은 양지당의 뒤편 화단 위에 있는데, 양지당이 재실인 만큼 선왕들의 혼령이 만년토록(萬) 즉 영원토록 장수하라(壽)는 뜻을 담은 것으로 보인다. 한마디로 만수무강의 뜻이다. 목숨 수(夀) 자는 속자로 쓰였다.

창덕궁-구선원전(舊璿源殿) 일원

萬	알만	만	1. 일 만(一萬) 2. 성(姓)의 하나 3. 현(縣)의 이름 4. 만무(萬無: 절대로 없음) 5. 대단히 6. 매우 7. 매우 많은 8. 여럿 9. 절대로 10. 전혀 11. 많다
安	편안	안	1. 편안(便安) 2. 편안하다 3. 편안하게 하다 4. 안존하다(安存--) 5. 즐거움에 빠지다 6. 즐기다, 좋아하다 7. 어찌 8. 이에(乃), 곧 9. 어디에
門	문	문	1. 문 2. 집안 3. 문벌(門閥) 4. 동문(同門)

만안문

한편, 양지당의 동쪽 출입문인 만안문(萬安門) 역시 선왕들의 혼령이 만년토록[萬] 편안하라[安]는 뜻을, 그리고 양지당의 남쪽에 있는 만복문(萬福門)은 선왕들의 혼령이 모든[萬] 복[福]을 다 누리라는 뜻을 담은 것으로 보인다. 양지당의 뒤쪽으로는 출입통제구역으로 설정되어 있으므로 일반인이 만수문, 만안문 현판을 바로 앞에서 볼 수는 없고 먼발치에서 봐야 한다.

萬	알만	만	1. 일 만(一萬) 2. 성(姓)의 하나 3. 현(縣)의 이름 4. 만무(萬無: 절대로 없음) 5. 대단히 6. 매우 7. 매우 많은 8. 여럿 9. 절대로 10. 전혀 11. 많다
福	복	복	1. 복, 행복 2. 제육(祭肉)과 술 3. 폭(幅), 포백(布帛)의 너비 4. (복을) 내리다, 돕다 5. 상서롭다 6. 음복하다
門	문	문	1. 문 2. 집안 3. 문벌(門閥) 4. 동문(同門)

만복문

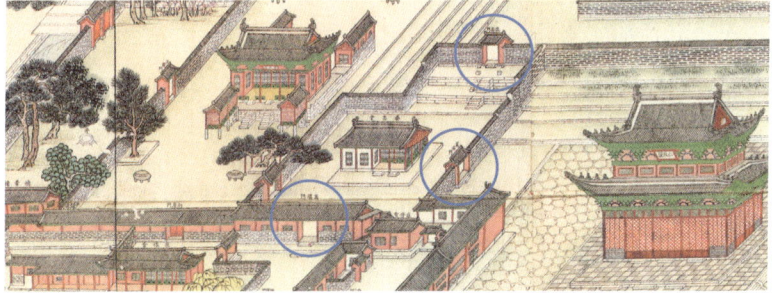

동궐도-만수문, 만안문, 만복문 [동아대학교 박물관]

儀	거동	의	1. 거동(擧動) 2. 법도(法度) 3. 법식(法式) 4. 본보기 5. 예절(禮節) 6. 선물(膳物) 7. 짝 8. 천문 기계 9. 본받다 10. 헤아리다 <u>11. 우주의 대본(大本)</u>
豊	풍년	풍	1. 풍년 2. 괘(卦)의 이름 3. 잔대(盞臺) 4. 부들(부들과의 풀), 왕골(사초과의 풀) 5. 풍년이 들다 6. 우거지다, 무성하다 7. 성하다(盛--) …
門	문	문	<u>1. 문</u> 2. 집안 3. 문벌(門閥) 4. 동문(同門)

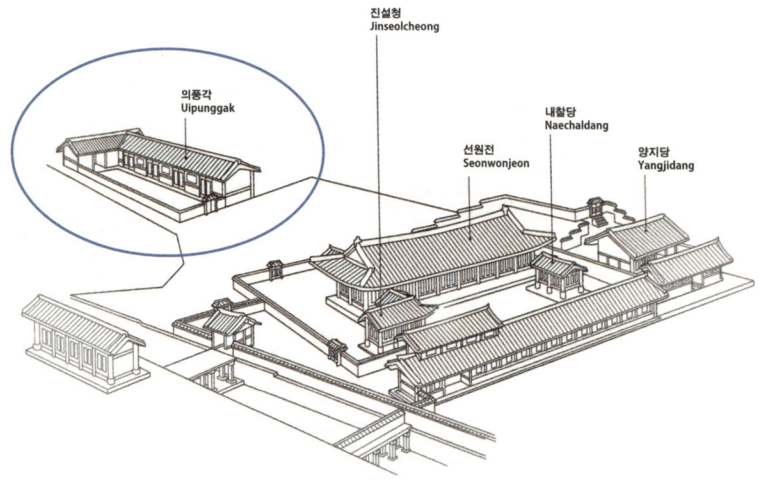

의풍각과 의풍문

　구선원전에서 북쪽으로 약 50m 지점에는 의풍각(儀豊閣)이라는 긴 건물이 있다. 의풍각의 남쪽 출입문에는 의풍문(儀豊門)이라는 현판이 걸려있으나 칠은 되어 있지 않은 상태다. 『동궐도』나 『동궐도형』 등 다른 기록에는 전혀 나타나지 않아서 정확한 창건 연대나 용도를 알 수 없는데 아마도 일제강점기에 만들어진 것으로 보인다. 원래 그 주변에는 소주방, 생물방, 수라간 등이 있었다.

儀 거동 의   1. 거동(擧動) 2. 법도(法度) 3. 법식(法式) 4. 본보기 5. 예절(禮節) 6. 선물(膳物) 7. 짝
              8. 천문 기계 9. 본받다 10. 헤아리다 11. 우주의 대본(大本)
豊 풍년 풍   1. 풍년 2. 괘(卦)의 이름 3. 잔대(盞臺) 4. 부들(부들과의 풀), 왕골(사초과의 풀)
              5. 풍년이 들다 6. 우거지다, 무성하다 7. 성하다(盛--) …
閣 집 각   1. 집 2. 문설주 3. 마을 4. 관서 5. 궁전 6. 내각(內閣) 7. 다락집 …)

의풍각

　의풍(儀豊)의 의(儀)는 궁궐이나 임금의 의례, 의식, 의장을 뜻하고 풍(豊)은 풍성하다, 넉넉하다를 뜻한다. 일제강점기의 자료에서 의풍각과 관련되어 영선창고(營繕倉庫)라는 말도 보이는데, 종합적으로 판단해 보았을 때 궁궐의 각종 의식과 관련되거나 건축물의 신축, 수선 등의 역할을 위한 창고 목적으로 지어진 듯하다. 의풍문과 의풍각은 현재 출입통제구역 속에 있어서 일반인이 현판을 직접 볼 수는 없다.

창덕궁
진선문(進善門) 및
바깥 조정 일원

진선문, 숙장문, 인정문

錦 비단 금 　1. 비단(緋緞) 2. 비단옷(緋緞-) 3. 아름다운 사물(事物) 4. 아름답다
川 내 천 　1. 내 2. 물귀신 3. 굴, 깊숙하게 패인 곳 4. 들판, 평원 5. 느릿한 모양
　　　　　6. 사천성의 약칭 7. 계속해서 8. 끊임없이
橋 다리 교 　1. 다리, 교량 2. 시렁 3. 가마(조그만 집 모양의 탈것) 4. 가로 댄 나무 5. 썰매
　　　　　6. 쇠코뚜레 7. 업신여기다, 깔보다 8. 어긋나다 9. 굳세다 10. 높다, 높이 …

금천교

　창덕궁에는 비록 현판은 없어도 그 뜻을 꼭 짚고 넘어가야 할 시설물이나 전각이 몇 있는데 금천교도 그중 하나다. 돈화문을 지나 60m 정도 직진하다 오른쪽으로 방향을 꺾으면 외부의 사악한 기운이 궁궐 안으로 들어오지 못하게 엄금[禁]하는 냇물[川]인 금천(禁川)이 남북 방향으로 흐르고 있고, 그 위를 가로질러 비단[錦]과 같은 냇물[川] 위의 다리라는 뜻의 금천교(錦川橋)가 놓여있다. 여기서 한

가지 의문점이 생긴다. 흐르는 냇물 이름은 금할 금(禁) 자의 금천(禁川)인데, 왜 다리 이름에는 비단 금(錦) 자의 금천(錦川)이라고 표현했을까?

창덕궁뿐만 아니라 모든 조선 궁궐은 예외 없이 초입에 반드시 돌다리를 건너가는데, 그 이유는 풍수지리에 있다. 풍수지리 사상에 따라 궁궐 자리는 애초 명당자리에 들어서는데, 귀한 명당기운이 다른 곳으로 빠져나가지 못하도록 궁궐을 둘러싸는 물길을 인공적으로 조성한다. 〔중국 자금성도 예외는 아니어서 천안문 앞과 태화문 앞에 각각 명당 물길이 있고, 그것을 건너가는 5개의 돌다리가 있다.〕

궁궐을 둘러싸는 그 물길을 가리켜 일반적으로 금천(禁川)이라 하는데, 그 이름 속에는 궁궐 밖의 사악한 기운이 들어오지 못하게 엄금〔禁〕한다는 뜻을 담고 있다. 또한, 그 금천 물길 위를 건너가는 돌다리를 금천교(禁川橋)라 하는데, 이때 사용된 금천(禁川)과 금천교(禁川橋)는 모두 보통명사다. 즉 모든 조선 궁궐에는 금천(禁川)과 금천교(禁川橋)가 있다는 뜻이다.

중국 자금성 내금수하와 내금수교

그런데 이 금천교(禁川橋)는 각각의 궁궐에서 부르는 고유명사가 따로 있는데, 경복궁은 오래도록 영원히〔永〕 도와주거나 구제한다〔濟〕는 뜻의 영제교(永濟橋)이고, 창경궁은 구슬〔玉〕

위: 경복궁-영제교, 아래: 창경궁-옥천교

과 같은 냇물(川) 위의 다리라는 뜻의 옥천교(玉川橋)이다. 창덕궁의 경우, 한글로는 보통명사와 발음이 똑같지만, 고유명사로는 금할 금(禁) 자가 아닌, 비단 금(錦) 자를 쓰는 금천교(錦川橋)이니 혼동하지 말아야 한다.

이 금천교가 풍수지리적으로 명당과 아닌 곳을 가르는 기준점이 되는 것을 알려주는 장치가 있다. 그것은 바로 바닥에 깔린 돌길이

금천교를 지나 진선문으로 가는 정로

다. 금천교에 이르기 전과는 달리, 금천교에서부터 임금이 있는 곳에 이르는 바닥 길은 세 갈래로 포장된 돌길이며, 그중 가운데 길이 가장 폭이 넓으면서 살짝 돋아 있다. 명당 지역임을 길 위에 표시한 것이다. 국보 제249호인 동궐도에서는 더욱 선명하게 보인다. 흔히들 이 길을 세 갈래 길이어서 삼도(三道)라고 하고, 가운데 길을 임금의 길이라는 뜻에서 어도(御道)라고 부르지만 그건 잘못된 일본식 표현이다. 대표적으로 실록만 찾아봐도 궁궐의 돌길을 삼도(三道)라는 부른 사례는 단 한 건도 없다. 정답은 정로(正路)이기 때문이다.

길을 뜻하는 한자에는 도(道)와 로(路)가 있다. 이 중에서 일본은 주로 도(道)를 쓰지만, 우리는 눈에 보이는 구체적인 길에는 로(路)를 쓰고, 추상적인 길에만 도(道)를 쓴다. 즉, 종로 을지로 퇴계로 태평로 세종로 등은 눈에 보이는 길이고, '왕도(王道)정치, 정도(正道)를 걷다' 등은 추상적인 길을 뜻한다. 따라서 정로의 가운데 돋아 있는 부분은 임금 전용의 어로(御路)다.

進 나아갈 진 1. 나아가다 2. 오르다 3. 다가오다 4. 힘쓰다 5. 더하다
善 착할 선 1. 착하다 2. 좋다 3. 훌륭하다 4. 잘하다 5. 옳게 여기다 6. 아끼다 7. 친하다(親--)
8. 사이좋다 9. <u>착하고 정당하여 도덕적 기준에 맞는 것</u>
門 문 문 <u>1. 문</u> 2. 집안 3. 문벌(門閥) 4. 동문(同門)

진선문

 선함(善)의 경지로 나아간다(進)는 뜻의 진선문(進善門)은 돈화문¹-진선문²-인정문³으로 이어지는 조선 궁궐의 3문 구조에서 두 번째 문인 중문(中門)으로 경복궁의 광화문¹-흥례문²-근정문³ 또는 경희궁의 흥화문¹-건명문(미복원)²-숭정문³과 그 구조가 같다. 이런 식으로 궁궐의 정문(돈화문)과 정전(正殿)의 정문(인정문) 사이에 중문(진선문)을 다시 한번 만들어 놓은 것은 정전(正殿)인 인정전의 권위를 높이기

위함이다.

그런데 조선 초기 이 진선문에는 매우 유명한 북이 설치되었으니 바로 신문고(申聞鼓)다. 신문고는 원래 중국에 있던 등문고(登聞鼓) 제도를 본떠 만든 것이었다. 전통 국가에서 원통하고 억울한 일을 당한 백성 가운데 고(告)할 데가 없는 자는 이 북을 침으로써 국가에 도움을 요청할 수 있도록 만든 제도였다. 그런데 태종실록에는 신문고의 유래를 묻는 기사가 나온다.

태종 1년(1401) 11월 16일
…(전략)… 임금이 또 묻기를, "등문고(登聞鼓: 신문고)는 어느 시대에 시작되었는가?" 하니, 하륜이 "송나라 때에 시작되었습니다." 하였다. 임금이 "송조(宋朝) 이전에도 있었는가?" 하니, 하륜이 말하기를, "이것은 삼대(三代)의 법입니다." 하였다. 상(上)이 말하기를, "그런가? 진선(進善)의 정(旌: 깃발의 일종)[요제(堯帝) 때에 가도(街道)에 기(旗)를 세워놓고, 선언(善言)을 드릴 자가 있으면 그 기 아래에 서게 하였다는 고사]도 또한 이것과 같다."

즉, 신문고와 같은 취지의 제도가 전설의 요임금 때 이미 진선(進善)의 깃발[旌]이라는 이름으로 시행되고 있음을 알 수 있고, 그런 뜻에서 신문고가 설치된 문의 이름도 진선문으로 했음을 짐작할 수 있다.

肅	엄숙할 숙	1. 엄숙하다 2. 공경하다 3. 정중하다 4. 정제하다 5. 맑다 6. 경계하다 7. 엄하다 …
章	글 장	1. 글, 문장 2. 악곡의 단락 3. 시문의 절, 단락 4. 구별 5. 기, 표지 6. 모범, 본보기 7. 조목 8. 법 9. 문채(文彩), 무늬 10. 도장 …
門	문 문	1. 문 2. 집안 3. 문벌(門閥) 4. 동문(同門)

숙장문

　숙장문은 진선문과 마주 보고 있는 바깥 조정마당의 동쪽 문으로, 엄숙[肅]하고 문채(文彩)가 빛난다[章]는 뜻이다. 지금은 숙장문의 현판이 바깥 조정의 안쪽, 즉 문의 서쪽 편에 걸려있지만, 『동궐도』에는 반대쪽인 동쪽 편에 걸려있다. 이것에 대해서 한쪽에서는 화공의 실수라고 말하는가 하면, 다른 한쪽에서는 문의 현판이 잘 보이도록 일부러 반대편에 그렸다는 논란이 있다.

진선문과 숙장문의 좌·우 행각 길이

그런데 숙장문의 좌·우 행각 길이와 반대편 진선문의 좌·우 행각 길이는 서로 다른데, 숙장문 쪽이 훨씬 짧다. 즉 숙장문과 진선문이 이루는 네모꼴의 바깥 조정이 반듯한 모양이 아니라 한쪽이 찌그러진 사각형이라는 것이다. 이렇게 된 이유는 무엇일까? 이런 특이한 건물배치를 한 사람은 조선 초기 궁궐, 왕릉 등 대규모 국가시설물의 토목공사를 도맡아 하던 박자청이었다. 하지만 이런 식의 건물배치는 누가 봐도 이상한 것이어서, 당시 상왕이었던 태종은 찌그러진 사각형이 아니라 반듯한 모양으로 다시 만들라고 명령을 내렸다. 그럼에도 불구하고 박자청은 자기방식을 고집했다. 이에 화가 난 태종은 심지어 상량까지 마친 행각을 몽땅 헐어내기까지 했고, 박자청은 명령에 불복한 죄로 하옥된 뒤 수원으로 귀양을 가야 했다.

하지만 당시 대규모 토목공사에 박자청을 대신할 만한 사람이 없어 한 달도 안 되어 사면조치가 취해졌고, 결국 최종적인 인정문 밖 바깥 조정의 모습은 지금처럼 박자청의 고집대로 찌그러진 사각형이 되었다. 곰곰이 생각해보면 박자청을 수원으로 귀양보낼 때부터 뭔가 이상하다는 생각이 들었다. 귀양을 겨우 수원으로 보냈다는 뜻은 곧 불러올리겠다는 의미가 아닐까? 즉 세종의 입장에서는 박자청을 두둔하고 싶었겠지만, 아버지 태종이 불같이 화를 내니 어쩔 수 없이 박자청에게 벌을 주는 흉내만 낸 듯하다.

그럼 박자청이 상왕이었던 태종의 명령을 무시하면서까지 인정전 밖의 행각을 찌그러진 사각형으로 만든 이유는 무엇일까? 박자청의 귀양 사건 처리와 관련하여 종합적으로 판단해 보면 아마도 세종은 그 이유를 이미 알고 있었던 듯하다. 오늘날 인터넷 지도나 항공사진을 놓고 보면 인정문의 앞쪽에서 종묘 쪽으로 들어가는 얕은 구릉 지대를 확인할 수 있다. 그 구릉 지대를 계속 따라가다 보면 종묘의 영녕전과 정전이 나온다. 결국, 박자청은 인정문 앞 행각을 반듯한 모양으로 만들 경우, 종묘로 들어가는 풍수 지맥선을 건드릴 수밖에 없다는 사실을 알았기 때문에, 태종의 명령을 어겨가면서까지 자신의 고집대로 공사를 진행한 것이다.

政 정사 정 1. 정사(政事), 나라를 다스리는 일 2. 구실(온갖 세납을 통틀어 이르던 말), 조세(租稅) 3. 법, 법규, 정사를 행하는 규칙 4. 부역, 노역 5. 벼슬아치의 직무나 관직
廳 관청 청 1. 관청(官廳), 관아(官衙) 2. 마루, 대청(大廳) 3. 마을 4. 건물(建物)

정청

 정사(政)를 맡아보는 관청(廳)이라는 뜻의 정청은 원래 이조나 병조에서 문무관에 대해 관리의 임면(任免)이나 출척(黜陟: 못된 사람을 내쫓고 착한 사람을 올리어 씀) 등, 인사에 관한 일을 맡아보던 벼슬아치인 전관(銓官)이 궁중에서 정사를 보던 곳이다. 그런데 지금도 '인사(人事)는 만사(萬事)'라는 말이 있는 것처럼 문무관에 대한 모든 인사처리가 되는 곳이라면 당연히 가장 핵심적인 관청이었을 것이다. 이곳에서 일하는 사람들은 이조와 병조의 당상관뿐만 아니라 이조와 병조를 담당하는 승지, 그리고 사관도 있었고, 심지어 사정기관인 사헌

부의 대사헌까지도 있었는데, 이는 곧 관리들에 대한 감찰이나 탄핵 내용도 다루었다는 뜻이다.

그런데 숙종 1년(1675) 3월 14일 이 정청에서는 이상한 사건이 일어났다. 정청에서 난데없이 여자의 곡소리가 난 것이다. 그것도 다름 아닌 대비의 곡소리였다. 사건의 전말은 이랬다. 숙종이 14세라는 어린 나이에 왕위에 오르자 숙종의 생모인 김 대비(현종비, 명성왕후)는 왕위를 위협받을지 몰라 매우 불안해했다. 그래서 서인과 정적 관계에 있으면서도 왕위계승 서열에서 가장 가까웠던 왕족을 골라 사전에 제거할 목적으로 인평대군의 아들인 복창군, 복선군, 복평군〔삼복이라 불렸다〕에게 궁녀와 간통했다는 죄목을 뒤집어씌웠다. 원래 모든 궁녀는 왕의 여자인 관계로 궁녀와의 간통은 곧 사형을 의미했다. 그런데 워낙 심각한 계략이다 보니 모의에 선뜻 나서는 사람이 없어서 결국 김 대비는 자신의 친정아버지 김우명을 끌어들였다.

그러나 계속된 심문과 고문에도 불구하고 아무도 죄를 인정하지 않았고, 물증도 전혀 나오지 않았다. 그저 김우명의 고발과 김 대비의 증언만이 있을 뿐이었다. 또한, 남인들은 적극적으로 삼복을 두둔했는데, 왜냐하면 삼복의 외할아버지가 남인이었던 것이다. 따라서 숙종은 아무런 증거가 없으니 어쩔 수 없이 무죄판결을 내려야만 했는데, 문제는 그다음이었다. 당시 무고죄로 밝혀지면 거짓으로 무고를 한 사람은 같은 수위의 처벌을 받아야만 했다.

김 대비는 왕의 생모여서 어쩔 수 없더라도, 김우명만큼은 반드시 무고죄로 처벌해야 한다며 남인들은 상소를 올리기 시작했다. 김 대비 입장에서는 자기가 파 놓은 함정에 자기 친정아버지가 빠진 꼴이었다. 자칫 그냥 놔두면 친정아버지가 사형에 처해질 위기에 처하자 김 대비는 체면이고 뭐고 팽개치고 김우명의 처벌을 논하던 정청에 나가 곡을 한 것이다. 김 대비는 무작정 우겼고 남인들로서는 매우 곤란해졌다. 현왕의 생모인 대비가 저렇게까지 막무가내로 나오니 왕의 얼굴을 봐서라도 굴복할 수밖에 없었다. 다만 삼복에 대한 처벌은 사형이 아닌 유배형으로 수위를 낮춰 결정되었을 뿐이다. 하지만 이 사건은 숙종에게도 큰 정치적 상처를 입혔다. 쉽게 말해 어머니 때문에 대신들 앞에서 국왕이 망신을 당한 것이었다.

內 안 내 1. 안, 속 2. 나라의 안, 국내 3. 대궐, 조정, 궁중 4. 뱃속 5. 부녀자 6. 아내
7. 몰래, 가만히 8. 비밀히 9. 중히 여기다, 친하게 지내다 a. 들이다(=納) …

兵 병사 병 1. 병사, 병졸, 군사, 군인 2. 무기, 병기 3. 싸움, 전쟁 4. 재앙, 원수 5. 상하다(傷
--), 다치다 6. 치다, (무기로써) 죽이다

曹 무리 조 1. 무리(모여서 뭉친 한 동아리) 2. 짝, 동반자 3. 관청, 관아 4. 마을 5. 방, 실내
6. 조나라(曹--) 7. 소송의 당사자 8. 제사 지내는 일 9. 성(姓)의 하나

내병조

　궁궐 안[內]에 있는 병조[兵曹]라는 뜻의 내병조(內兵曹)는 조선 시대 각 궁궐 내에 설치하였던 병조의 지부로 궁궐 내의 시위(侍衛)·의장(儀仗) 등 군사 사무를 보기 위한 병조 관리들의 출장소였다. 창덕궁에는 바깥 조정 남행각 중에서 호위청(扈衛廳)의 서쪽에 있지만, 경복궁에는 근정문(勤政門) 밖에, 창경궁에는 태복시(太僕寺)의 서북쪽에 있었으며, 경희궁에는 건명문(建明門) 밖 동편에 각각 설치하였다는

員 인원 **원** 1. 인원 2. 수효 3. 관원 4. 동그라미 5. 둥글다 a. 더하다 (운) b. 늘이다 (운)
c. 이르다(=云), 일컫다 (운) d. 사람의 이름(=伍員) (운)

役 부릴 **역** 1. 부리다, 일을 시키다 2. 일하다, 힘쓰다, 경영하다 3. 줄짓다, 죽 늘어서다
4. 골몰하다 5. 낮다, 천하다 6. 일, 육체적 노동 7. 부역, 요역 8. 일꾼, 남의 부림을 …

處 곳 **처** 1. 곳, 처소(處所) 2. 때, 시간 3. 지위, 신분 4. 부분 5. 일정한 표준 6. 살다, 거주하다
7. 휴식하다, 정착하다 8. 머무르다 9. (어떤 지위에) 있다, 은거하다 …

所 바 **소** 1. 바(일의 방법이나 방도) 2. 것 3. 곳, 일정한 곳이나 지역 4. 처소(處所)
5. 관아(官衙), 어떤 일을 처리하는 곳 6. 지위, 자리, 위치 7. 장소를 세는 단위 …

원역처소

기록이 있다.

내병조는 원역처소와 함께 바깥 조정 남행각의 서쪽 끝부분에 자리 잡고 있다. 그런데 내병조는 남행각 속 다른 관청과는 달리 출입문이 반대쪽(남쪽)으로 나 있어서 인정문 쪽에서 보면 행각이 뒷벽으로 막혀 있다. 따라서 이곳에 출입하기 위해서는 진선문이 아니라

진선문에서 남쪽으로 약 50m 떨어진 곳에 있는 별도의 작은 출입문을 이용해야 한다.

원역(員役)들의 처소(處所)를 뜻하는 원역처소(員役處所)는 내병조와 마주 보고 있다. 원역(員役)은 관아에 딸린 이서(吏胥: 구실아치)의 일종을 가리킨다. 아전(衙前)으로도 불리던 이서는 조선 시대 벼슬아치 밑에서 일하던 하급 관리층을 형성하고 있었다. 그들은 양반층의 배타적 특권 때문에 문무 관료와는 엄격히 구별되었을 뿐만 아니라, 철저한 신분 차별로 인해 문무 관료로의 진출이 원천적으로 봉쇄되었으므로 평민과 양반 사이에서 중인 계층의 일부로 자리 잡았다. 내병조와 원역처소는 현재 창덕궁 관리사무소로 사용되고 있는 출입통제구역 내에 있다. 내병조 현판은 그나마 먼발치에서 보이지만, 원역처소 현판은 일반인이 직접 볼 수는 없다.

扈 따를 호 1. 따르다, 뒤따르다 2. 호종하다(扈從--) 3. 넓다, 광대하다 4. 널리 퍼지다, 횡행하다 5. 입다, 띠다 6. 막다, 못하게 하다 7. 말리다, 제지하다 …

衛 지킬 위 1. 지키다 2. 보위하다 3. 호위하다 4. 막다 5. 아름답다 6. 좋다 7. 의심하다 8. 경영하다 9. 덮다 10. 지킴 11. 경영 12. 나라의 이름 13. 성(姓)의 하나

廳 관청 청 1. 관청(官廳), 관아(官衙) 2. 마루, 대청(大廳) 3. 마을 4. 건물(建物)

호위청

　인정문에서 마주 보이는 바깥 조정 남행각 속에는 임금의 호종〔扈〕과 호위〔衛〕를 맡은 관청이라는 뜻의 호위청(扈衛廳)이 있다. 호위청은 인조반정 때 반정공신들이 국왕의 숙위(宿衛: 숙직하면서 지킴)가 소홀하다고 하여, 반정 직후 왕권 호위를 위해 설치한 군영이었다. 그러나 실제 소속 군사들은 반정공신들이 모집하여 거사에 이용했던 병력 위주여서 왕권 호위와 더불어 왕권 견제의 이중 역할을 담

당했다고 봐야 한다. 군영의 규모도 처음에는 500명이었으나, 이후 최대 1000명 내외까지 늘어났다. 그러다가 정조 때에는 규모가 350명 정도로 축소되면서 100% 왕권 친위·호위 기관으로 변모하게 되었다. 호위청의 주요 업무로는 궁궐 내의 입직은 물론, 국왕의 교외 나들이 및 도성 안 행차의 배위(陪衛: 귀인을 따르며 호위함)를 담당하였다.

尚 오히려 상 1. 오히려 2. 더욱이 3. 또한 4. 아직 5. 풍습 6. 풍조 7. 숭상하다 8. 높다 9. 높이다
10. 자랑하다 11. 주관하다 12. 장가들다 13. 꾸미다 14. 더하다

瑞 상서 서 1. 상서(祥瑞) 2. 홀(笏) 3. 부절(符節) 4. 서옥(瑞玉) 5. 길조 6. 경사스럽다

院 집 원 1. 집 2. 담, 담장 3. 절, 사원 4. 마을 5. 뜰, 정원 6. 관아, 관서 7. 기루(妓樓)

상서원

　상서로운[瑞] 기물을 주관하는[尚] 관아[院]란 뜻의 상서원은 국가를 대표하는 국새(國璽)와 어보(御寶)뿐만 아니라 군사를 움직이는 발병부(發兵符)나 대궐의 각종 출입증 등 각 관청에서 발행하는 여러 가지 신표(信標)를 관장하였다. 공무로 출장 가는 관원이 역마를 이용할 때 쓰는 마패(馬牌)도 상서원이 발급했다. 호위청과 마찬가지로 인정문에서 마주 보이는 바깥 조정 남행각 속에 있는데 호위청으로

부터는 동쪽으로 9번째 칸에 위치하고 있다.

상서원이 관리하는 최고의 기물은 뭐니 뭐니 해도 역시 국새다. 국새를 흔히 옥새(玉璽)라는 말로 알고 있는 사람이 많은데, 그 이유는 고대 중국의 진시황제가 천하의 보물인 '화씨벽(和氏璧)'이라는 옥구슬을 얻고 나서, 천자의 인장(印章)을 새겨 '나라를[國] 전해[傳] 주는[물려주는] 옥[玉]으로 만든 국새[璽]'라는 뜻을 담아 전국옥새(傳國玉璽)라고 이름을 붙인 뒤부터 역대 황제들이 옥새(玉璽)를 황제의 권위와 국권의 상징으로 삼아 왔기 때문이다. 하지만 옥새는 국새의 재질이 옥(玉)이라는 뜻이므로 국새가 더욱 정확한 표현이라 하겠다.

국새는 대외용과 대내용 이렇게 크게 두 부류가 있는데, 대외 외교문서(특히 대중국 관계)에 사용되는 것을 국인[國印=대보(大寶)]이라 했고, 국내용으로 사용했던 것을 보인[寶印=어보(御寶)]이라 했다. 대보(大寶)라고도 불리는 국인(國印)은 대부분 중국 역대 왕조의 황제들이 만들어서 우리나라로 보내왔는데 고려 시대에는 원나라, 명나라 등에서 도장을 만들어 보내왔고, 조선 시대에는 태종 3년(1403)에 명나라에서 조선국왕지인(朝鮮國王之印)을 보내왔는데, 인조 14년(1636)까지 대중국 외교문서에 사용하였다가 1636년 병자호란 이후에는 청나라에서 만들어 준 대보를 사용하였다.

한편, 국내의 각종 의례에 사용되던 보인(寶印)은 어보(御寶)라고도 하는데 국내에서 자체적으로 제작되어 사용되었다. 주로 왕의 명령인 각종 교서(敎書: 왕이 신하, 백성, 관청 등에 내리던 문서)나 교지(敎旨: 임금이 4품 이상의 벼슬아치에게 주던 인사에 관한 명령) 등에 찍거나 왕이 지은 글에 찍기도 하였고 왕과 왕비, 세자와 세자빈에게 존호를 올리는 등 왕실의 권위를 상징하는 각종 의례에도 사용하였다. 대보(국인)의 경우, 대부분 중국 황실에서 만들어 보내왔기 때문에 수량도 극소수였고 각종 전란 등으로 인해 대부분 망실되었지만, 어보(보인)의 경우에는 우리가 자체적으로 만들어서 수량도 풍부했고 조선을 통틀어 총 366점이 제작되었으며 현재 90% 가까운 323점이 잘 보존되고 있다고 한다.

창덕궁 인정전(仁政殿) 및 선정전(宣政殿) 일원

인정전 내부

仁 어질 인
政 정사 정
門 문 문

1. 어질다, 자애롭다, 인자하다 2. 감각이 있다, 민감하다 3. 사랑하다 4. 불쌍히 여기다 5. 어진 이, 현자(賢者) 6. 인, 어진 마음, 박애 7. 자네 8. 씨

1. 정사(政事), 나라를 다스리는 일 2. 구실(온갖 세납을 통틀어 이르던 말), 조세(租稅) 3. 법, 법규, 정사를 행하는 규칙 4. 부역, 노역 5. 벼슬아치의 직무나 관직

1. 문 2. 집안 3. 문벌(門閥) 4. 동문(同門)

인정문

어진(仁) 정치(政)를 뜻하는 국보 제225호 인정전과 보물 제813호 인정문은 각각 창덕궁의 법전(法殿: =正殿)과 그에 속한 정문이다. 인정(仁政)은 특히 『맹자(孟子)』에서 강조하는 정치사상으로 『맹자』 전편에 걸쳐 「양혜왕 상(梁惠王上)」, 「양혜왕 하(梁惠王下)」, 「공손추 상(公孫丑上)」, 「등문공 상(滕文公上)」, 「이루 상(離婁上)」의 총 10곳에서 언급되었는데 맹자의 핵심 사상인 왕도정치(王道政治)의 근본을 이루고 있

仁 어질 **인** 1. 어질다, 자애롭다, 인자하다 2. 감각이 있다, 민감하다 3. 사랑하다 4. 불쌍히 여기다
　　　　　　 5. 어진 이, 현자(賢者) 6. 인, 어진 마음, 박애 7. 자네 8. 씨

政 정사 **정** 1. 정사(政事), 나라를 다스리는 일 2. 구실(온갖 세납을 통틀어 이르던 말), 조세
　　　　　　 (租稅) 3. 법, 법규, 정사를 행하는 규칙 4. 부역, 노역 5. 벼슬아치의 직무나 관직

殿 전각 **전** 1. 전각(殿閣), 궁궐(宮闕) 2. 큰 집 3. 절, 사찰(寺刹) 4. 전하(殿下)

인정전

다. 그중에서 이루 편에 쓰인 인정(仁政)의 사용 예를 살펴보면 다음과 같다.

　　堯舜之道 不以仁政 (요순지도 불이인정)
　　　요순의堯舜之 도道가 있어도 어진 정치仁政로써가以 아니면不
　　　The principles of Yao and Shun, without a benevolent government,

不能 平治天下 (불능 평치천하)

천하天下를 태평平스럽게 통치治할 수 없다不能.

could not secure the tranquil order of the kingdom.

한편 연산군, 효종, 현종, 숙종, 영조, 순조, 철종, 고종 등은 창덕궁에서 즉위식을 거행했는데, 의외로 즉위식 장소는 인정전이 아닌 인정문이었다. 이는 『국조오례의』 흉례 편에 의해서 국상이 발생했을 때 왕위를 이어받는 사위(嗣位) 의식의 장소가 인정전이 아니라 인정문으로 지정되어 있기 때문이었다. 일단 인정문에서 즉위식을 마친 다음, 인정전에 들어가 문무백관의 하례를 받는 것이 순서였다.

| 光 | 빛 | 광 | 1. 빛, 어둠을 물리치는 빛 2. 세월 3. 기세, 세력, 기운 4. 경치, 풍경 5. 명예, 영예
6. 문화, 문물 7. 문물의 아름다움 8. 빛깔, 번쩍거리는 빛 … |
| 範 | 법 | 범 | 1. 법, 규범 2. 본보기, 모범 3. 거푸집 4. 고상한 태도 5. 한계 6. 법도에 맞다
7. 본받다 8. 주조하다, 부어 만들다 |
| 門 | 문 | 문 | 1. 문 2. 집안 3. 문벌(門閥) 4. 동문(同門) |

광범문

 광범문과 숭범문은 각각 인정문의 안쪽 조정마당을 둘러싼 좌·우행각의 동·서 출입문으로 서로 마주 보고 있다. 동쪽 행각의 광범문(光範門)은 법전(法殿)인 인정전으로 통하는 출입문답게 '법과 규범[範]을 빛내다[光]'라는 뜻이다. 이 문을 나서면 왼편에는 주 편전인 선정전과 선정문이 보이며 오른편에는 왕명 출납을 담당하던 승정원 자리가 공터로 남아있다.

崇 높을 숭   1. 높다 2. 높이다, 높게 하다 3. 존중하다 4. 모으다, 모이다 5. 차다, 채우다,
              차게 하다 6. 마치다, 끝나다
範 법 범   1. 법, 규범 2. 본보기, 모범 3. 거푸집 4. 고상한 태도 5. 한계 6. 법도에 맞다
              7. 본받다 8. 주조하다, 부어 만들다
門 문 문   1. 문 2. 집안 3. 문벌(門閥) 4. 동문(同門)

숭범문

 한편, 서쪽 행각의 숭범문(崇範門)은 예문관, 내의원 등 궐내각사로 통하며 '법과 규범[範]을 높이다 또는 숭상하다[崇]'라는 뜻이다. 광범문과 숭범문이 나라를 다스리는 법과 규범[範]을 상징하는 것은 비슷하지만, 같은 공간에서 서로 반대쪽에 위치한 것을 감안할 때 두 문의 명명법에는 음양 사상이 녹아들어 간 듯하다. 왜냐하면, 해가 뜨는 동쪽 행각의 출입문에 양기(陽氣)와 관련있는 빛 광(光) 자를

동궐도-숭범문(좌측)과 광범문(우측) [동아대학교 박물관]

넣었기 때문이다. 숭범문은 예문관 입구 바로 앞에 있어서 평상시 출입통제구역에 해당하지만, 현판은 궐내각사 약방의 동쪽에서 먼 발치에서나마 볼 수 있다.

香 향기 향 1. 향기 2. 향 3. 향기로움 4. 향료 5. 향기롭다 6. 감미롭다
室 집 실 1. 집, 건물 2. 방, 거실 3. 거처, 사는 곳 4. 아내 5. 가족, 일가 6. 몸, 신체 7. 가재(家財) 8. 구덩이, 무덤 9. 굴(窟) 10. 별의 이름 …

향실

향(香)을 보관하는 방(室)이란 뜻의 향실은 궁궐이나 왕릉의 각종 제사에 사용하는 향(香)과 축문(祝文)을 관리하던 교서관(校書館: 훗날 정조 때 규장각으로 합쳐짐) 소속의 관청으로 인정전 서쪽 행랑의 끝부분에 있어서 인정전과는 매우 가까운 거리다. 향실은 각 궁궐마다 있었는데 서궐도안을 참고하면 경희궁에도 법전인 숭정전의 서쪽 행랑 끝부분에 향실이 있었다. 창덕궁과 경희궁의 향실이 임금과 가장 가까운 곳에 위치하고 있다는 사실로부터 우리는 조선 국왕이 국가나 왕실의 제사를 얼마나 중요하게 여겼는지를 알 수 있다.

영조 때 편찬된 『국조상례보편(國朝喪禮補編)』「친향산릉의(親享山陵儀)」는 국왕이 친히 왕릉에 와서 치르는 제향, 즉 제사 의식을 기록하고 있는데, 제례 전날부터 시작하여 제례를 마치고 환궁하기까지의 모든 절차를 포함하고 있다. 그중에서도 가장 먼저 하는 절차가 제례 전날 향실에서 올라온 축문을 읽어보고 국왕이 결재하는 것이다.

宣 배풀 선 1. 베풀다 2. 널리 펴다 3. 떨치다 4. 밝히다 5. 하교를 내리다 6. 머리가 세다
政 정사 정 7. 밭을 갈다 8. 쓰다, 사용하다 9. 통하다 10. 조서, 조칙 11. 임금의 말 12. 궁전
門 문 문 1. 정사(政事), 나라를 다스리는 일 2. 구실(온갖 세납을 통틀어 이르던 말), 조세(租稅) 3. 법, 법규, 정사를 행하는 규칙 4. 부역, 노역 5. 벼슬아치의 직무나 관직
1. 문 2. 집안 3. 문벌(門閥) 4. 동문(同門)

선정문

 어질고 좋은 정치(政)를 베풀라는(宣) 뜻의 선정전과 선정문은 창덕궁의 주 편전과 그에 속한 정문이다. 모든 조선 궁궐은 대규모 공식 정치행사의 중심인 법전(法殿: =正殿)과 매일 벌어지는 일상 정치의 중심인 편전(便殿)이 짝을 이루며, 이를 정치구역의 조정(朝廷)이라는 뜻으로 치조(治朝)라고 부른다. 또한, 법전과 편전은 정치구역의 핵심 전각이라서 반드시 이름 속에는 정사 정(政) 자가 들어간다. 그

宣 베풀 선 1. 베풀다 2. 널리 펴다 3. 떨치다 4. 밝히다 5. 하교를 내리다 6. 머리가 세다
7. 밭을 갈다 8. 쓰다, 사용하다 9. 통하다 10. 조서, 조칙 11. 임금의 말 12. 궁전

政 정사 정 1. 정사(政事), 나라를 다스리는 일 2. 구실(온갖 세납을 통틀어 이르던 말), 조세(租稅) 3. 법, 법규, 정사를 행하는 규칙 4. 부역, 노역 5. 벼슬아치의 직무나 관직

殿 전각 전 1. 전각(殿閣), 궁궐(宮闕) 2. 큰 집 3. 절, 사찰(寺刹) 4. 전하(殿下)

선정전

래서 창덕궁의 인정전-선정전의 경우와 마찬가지로, 경복궁은 근정전(勤政殿)-사정전(思政殿), 창경궁은 명정전(明政殿)-문정전(文政殿), 경희궁은 숭정전(崇政殿)-자정전(資政殿)이 법전+편전으로 이루어지는 치조에 해당된다.

그런데 편전은 전각이 하나만 있는 것이 아니라 주변에 별도의 보조 편전을 두고 있다. 경복궁의 경우에는 사정전의 양옆에 보조

선정전 청기와

편전으로 만춘전(萬春殿)과 천추전(千秋殿)을 두고 있고, 경희궁은 자정전의 동남쪽에 홍정당(興政堂: 미복원)을 두고 있다. 창덕궁도 선정전의 동쪽에 희정당(熙政堂)을 보조 편전으로 두고 있는데 경희궁과 창덕궁은 주 편전과의 서열 차이를 의식해서 의도적으로 전(殿)이 아닌 당(堂) 급으로 전각의 이름을 정했고, 또한 치조(治朝)임을 나타내기 위해 이름 가운데에는 정사 정(政) 자를 넣었다.

선정전이 외견상 주목받는 것은 두 가지다. 먼저 창덕궁 내에서 유일하게 청기와로 지붕을 덮은 것이다. 그 이유는 일상적인 정치를 하는 곳이라서 임금이 항상 머무르는 장소임을 나타내는 것으로 볼 수 있다. 청기와는 일반 기와에 비해 만드는 비용이 몇 배나 들어갈 뿐 아니라, 재료를 구하기도 어려운 점이 실록 여기저기에 기록되어 있다. 또한, 유교를 국시로 한 조선에서는 근검함을 미덕으로 여겼기 때문에, 청기와 공사에 대해서는 신하들이 적극적으로 반대의견을 표시했다. 그래서 청기와 건물을 최소한도로 제한한 듯하다. 그래서일까? 현재도 청기와를 쓰는 건물은 우리나라의 대통령이 머무르는 곳을 상징하고 있다.

선정전의 외견상 두 번째 특징으로는 선정전 앞마당에 선정문과 선정전을 잇는 천랑(穿廊: 2개의 건축물을 중간에서 연결하는 역할을 하는 복도)이 있다는 점이다. 그런데 천랑은 날씨와 상관없이 편하게 이동할 수 있다는 장점은 있지만, 건물 앞마당을 넓게 활용하는 데는 지장을 주기 때문에 우리나라의 주거문화에서는 거의 설치하지 않는 편이다. 그럼에도 선정전에는 천랑이 설치되어 있는데, 대체로 궁궐에서 천랑이 설치된 건물은 국상이 발생하였을 때, 빈전(빈소)이나 혼전으로 사용된 예가 많다. 그것에 비춰보아 선정전도 그런 목적에 부합하게끔 자주 용도 변경이 되면서 주 편전으로서의 활용도가 점점 떨어지다가, 조선 후기에는 보조 편전인 희정당의 활용 빈도가 높아지게 되면서, 정작 주 편전은 별로 활용되지 못하게 된 것으로 보인다.

선정전 천랑

熙 빛날 희 1. 빛나다 2. 말리다, (햇볕에) 쬐다 3. 화락하다(和樂--) 4. 기뻐하다 5. 놀다
6. 넓다, 넓어지다 7. 일어나다, 흥성하다 8. 복 9. 탄식하는 소리

政 정사 정 1. 정사(政事), 나라를 다스리는 일 2. 구실(온갖 세납을 통틀어 이르던 말), 조세
(租稅) 3. 법, 법규, 정사를 행하는 규칙 4. 부역, 노역 5. 벼슬아치의 직무나 관직

堂 집 당 1. 집, 사랑채 2. 마루, 대청 3. 근친(近親), 친족(親族) …

희정당

　선정전 부분에서 이미 알아보았듯이 화합과 즐거움에 빛나는(熙) 정치를(政) 하라는 뜻의 희정당은 대조전의 남쪽에 있으며 원래 용도는 보조 편전이었다. 이름 속에 정사 정(政) 자가 들어가 있으니 정치구역 즉, 치조에 속한 건물이며, 전(殿)보다는 서열이 낮은 당(堂)이니 주 편전이 아닌 보조 편전이다. 조선 궁궐의 건축 전반에 대한 세부사항을 담은 『궁궐지(宮闕志)』에서도 이 부분은 명확히 밝히고

있다.

> 熙政堂在 大造殿南 (희정당재 대조전남)
> 卽便殿 視事之所也 (즉편전 시사지소야)
> 희정당熙政堂은 대조전大造殿의 남쪽南에 있으니在
> 즉卽, 편전便殿이며 (나라의) 일사을 보는 곳視之所이로다也.

그런데 희정당은 원래 대전(大殿)이었던 대조전의 바로 앞에 놓여 있어서 마치 내전(內殿) 지역의 건물로 오해하기 쉽다. 그러나 희정당은 명백히 치조에 속하는 외전(外殿) 소속이다. 비슷한 예로 서궐도안(西闕圖案: 보물 제1534호) 속의 경희궁 전각배치를 살펴봐도 보조 편전인 흥정당(興政堂)이 경희궁의 대전(융복전)과 중궁전(회상전) 바로 앞쪽에 놓여있다.

그런데 일제강점기였던 1917년 대화재로 창덕궁의 내전 전부가 불탔을 때, 일제는 어이없게도 경복궁의 내전 일대를 몽땅 뜯어다가 창덕궁을 복구하는 데 사용했다. 그런데 더욱 어처구니가 없는 것은 경복궁의 대전(강녕전)을 뜯어다가 창덕궁의 보조 편전(희정당)을 복구했고, 경복궁의 중궁전(교태전)을 뜯어다가 창덕궁의 대전(대조전)을 복구해 버린 것이다. 그런 이유로 인해 지금 희정당의 지붕 합각면(좌·우 측면의 세모꼴 벽면)에는 양쪽에 '강(康), 녕(寧)'이라는 글자가 하나씩 한자로 뚜렷이 새겨져 있다. 따라서 지금의 희정당을 두고 건물의 정체성이 대전이냐 보조 편전이냐를 헷갈리는 웃지 못할 사태가 지속되고 있다.

창덕궁 내전(內殿) 일원

대조전 일원

大 큰 대   1. 크다, 심하다 2. 높다, 존귀하다 3. 훌륭하다, 뛰어나다 4. 자랑하다, 뽐내다, 교만하다 5. 많다, 수효(數爻)가 많다 6. 중(重)히 여기다, 중요시하다 …

造 지을 조   1. 짓다 2. 만들다 3. 이루다 4. 성취하다 5. 이룩하다 6. 양성하다 7. 배양하다 8. 기르다 9. 넣다 10. 조작하다 11. 가짜로 꾸미다 12. 날조하다 13. 시작하다 …

殿 전각 전   1. 전각(殿閣), 궁궐(宮闕) 2. 큰 집 3. 절, 사찰(寺刹) 4. 전하(殿下)

대조전

 대업(大)을 이룬다는(造) 뜻의 대조전(大造殿)은 내전(內殿) 중에서는 으뜸가는 건물이다. 그런데 이 대조전은 일제강점기에 있었던 원칙 없는 잘못된 복구로 인해, 희정당과 함께 오늘날 정체성의 위기 속에 빠져 있다. 각종 공식적인 문화재 관련 사이트에서 대조전을 찾아보면 아래와 같은 결과물이 표시된다.

문화재청 '문화재검색' 결과 :

대조전은 왕비가 거처하는 내전 중 가장 으뜸가는 건물이다.

한국문화재재단 '문화유산채널' :

창덕궁 대조전은 중궁전, 중궁전에는 용마루가 없다.

답사여행의 길잡이 15 - 서울 편 :

대조전은 왕비가 거처하는 곤전(坤殿)의 주된 건물이다.

한국관광공사 '대한민국 구석구석' :

왕비가 생활하던 중궁전의 건물이다.

결과적으로 창덕궁의 대조전을 중궁전으로 상정하고 있다. 조선의 모든 궁궐에는 유교의 남녀유별법에 따라 원칙적으로 왕의 침전인 '대전'과 왕비의 침전인 '중궁전'이 엄격하게 독립되어 있는데〔대표적 사례: 1.경복궁의 강녕전과 교태전, 2.경희궁의 융복전과 회상전, 3.창덕궁 연경당의 내외담〕, 만약 대조전이 중궁전이라면 도대체 대전은 어디에 있다는 말인가? 일부에서는 희정당이 왕의 침전이라고 주장하지만, 희정당은 전각의 이름도 치조임을 나타내고 있고, 게다가 왕의 침전이 전(殿)이 아닌 당(堂)이라는 것은 말도 안 된다. 더군다나『궁궐지(宮闕志)』에서 확실히 편전임을 선언하고 있지 않은가!

조선 중기까지를 대상으로 실록에서 대조전을 검색하면 왕비에 관련된 이야기는 거의 없고, 대부분이 왕에 관련된 기록뿐이다. 심지어 성종, 인조, 효종은 대조전에서 승하하셨다. 따라서 대조전은 중궁전이 아니라 대전이라는 결론에 도달한다. 그렇다면 중궁전은 도대체 어디에 있는가? 그 해답은 동궐도 속에 나와 있다. 지금

宣 베풀 **선** 1. 베풀다 2. 널리 펴다 3. 떨치다 4. 밝히다 5. 하교를 내리다 6. 머리가 세다
7. 밭을 갈다 8. 쓰다, 사용하다 9. 통하다 10. 조서, 조칙 11. 임금의 말 12. 궁전

平 평평할 **평** 1. 평평하다, 판판하다 2. 고르다, 고르게 하다 3. 정리되다, 가지런하게 되다
4. 편안하다, 무사하다 5. 평정하다 6. 정하다, 제정하다 …

門 문 **문** 1. 문 2. 집안 3. 문벌(門閥) 4. 동문(同門)

선평문

은 복원되지 않았지만, 대조전의 동북쪽 즉 현재의 청향각 근처에는 집상전(集祥殿)이라는 건물이 있었는데 나른 건물들과는 달리 지붕은 용마루가 없는 무량각 건물〔우리나라에서는 왕과 왕비의 건물에만 무량각 지붕을 사용함〕이고, 건물 앞에 당당한 월대까지 놓여있어서 예사 건물이 아님을 금방 알 수 있다. 그뿐만 아니라 집상전의 뒤로는 풍수 잉〔孕, 명당 뒤쪽에 아이를 밴 것처럼 봉긋하게 솟은 부분으로 생기의 주입구 역할을 함. 경복궁

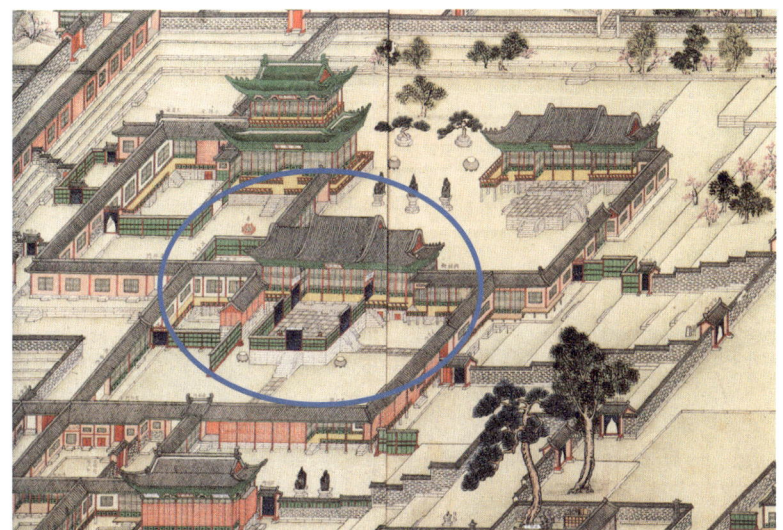

동궐도-대조전 부분 [동아대학교 박물관]

선평문 현판

교태전 뒤의 아미산과 같은 존재임]까지 있어서 그곳이 중궁전임을 더욱 확실히 증명하고 있다.

한편, 태평성대(平)를 베푼다는(宣) 뜻의 선평문은 대조전의 정문으로 앞쪽의 희정당과 통한다. 그런데 선평문은 꽤 높은 계단 위에 세워져 있는데 이는 지형 지세 때문이다. 대조전 내부를 함부로 들여다볼 수 없게 하려는 의도를 담고 있다는 식으로 해석하는 사람도 있으나 과잉 해석이다.

興 일 흥　1. 일다 2. 일으키다 3. 시작하다 4. 창성하다 5. 흥겹다 6. 기뻐하다 7. 성공하다
福 복 복　8. 등용하다 9. 다스리다 10. 징발하다 11. 느끼다 12. 유행하다 13. 흥(興), 흥취
軒 집 헌　14. 흥미 15. 취미
　　　　1. 복, 행복 2. 제육(祭肉)과 술 3. 폭(幅), 포백(布帛)의 너비 4. (복을) 내리다, 돕다
　　　　5. 상서롭다 6. 음복하다
　　　　1. 집 2. 추녀, 처마 3. 수레, 초헌(軺軒) 4. 난간 5. 창(窓), 들창 6. 행랑 …

흥복헌

　복(福)을 불러일으킨다(興)는 뜻의 흥복헌은 대조전의 동쪽에 붙어 있는 부속 전각이다. 그러나 복을 일으킨다는 좋은 뜻과는 완전 반대로, 흥복헌은 우리 역사에서 한일병탄(韓日竝呑)이라는 경술국치를 가져온 대한제국의 형식적인 마지막 어전회의가 열렸던 비극의 현장이기도 하다. 그 충격이 컸던 탓일까? 1926년 4월 25일 순종은 바로 이 흥복헌에서 한 많은 일생을 마감했다.

麗 고울 여 　1. 곱다 2. 아름답다 3. 맑다 4. 짝짓다 5. 빛나다 6. 매다 7. 붙다(부착)
　　　　　　　8. 나라의 이름 9. 마룻대 10. 짝 11. 수, 수효

春 봄 춘 　1. 봄 2. 동녘 3. 술 4. 남녀의 정 5. 젊은 나이 6. 정욕(情慾)

門 문 문 　1. 문 2. 집안 3. 문벌(門閥) 4. 동문(同門)

여춘문

　아름답고 고운〔麗〕 봄〔春〕이라는 뜻의 여춘문은 대조전의 동쪽 구역에서 남향을 하고 서 있는 문인데, 대조전의 남행각과 나란히 있다. 경복궁의 동문인 건춘문(建春門), 동쪽 보조 편전인 만춘전(萬春殿)처럼 이름 속에 봄 춘(春) 자가 들어가 있어서 동쪽을 가리키는 것으로 생각하기 쉬우나 의외로 남향이다. 그 이유는 동궐도에서 확인이 가능하다.

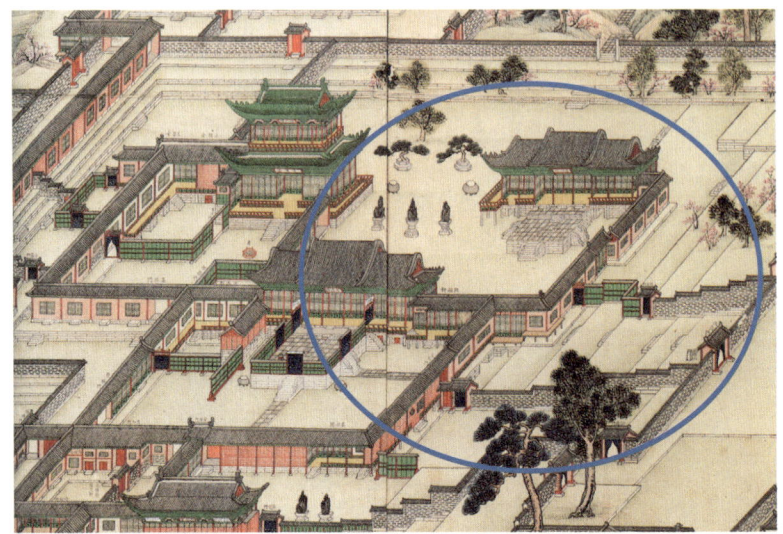

동궐도-집상전 부분 [동아대학교 박물관]

　동궐도 속의 여춘문은 지금의 위치가 아니었다. 원래는 중궁전이었던 집상전의 동쪽 출입문으로서 집상전의 동쪽 화계 위에서 동향하고 서 있었다. 그러나 1917년 창덕궁 대화재로 내전이 모두 소실되었을 때 경복궁의 전각을 뜯어와 창덕궁을 복구하는 과정에서 대조전 일대의 구조가 매우 심하게 변형되었는데 그때 여춘문이 지금의 위치로 옮겨오게 되었다. 동궐도를 자세히 들여다보면 지금의 여춘문과 가장 근접한 곳에서 남향을 하고 있는 출입문은 따로 있는데 이름이 통명문(通明門)이다. 경복궁 집경당의 남향 정문인 향명문(嚮明門)처럼 이름 속에 밝을 명(明) 자가 들어 있어서 남향을 하고 있음을 암시하고 있다. 여춘문은 이름이 아름다워서 그런지 창덕궁 이외에 경희궁 숭정전 동쪽 문의 이름에도 쓰였다.

耀 빛날 요 1. 빛나다 2. 빛내다 3. 광휘(光輝)를 발하다 4. 영광스럽다 5. 현혹되다 6. 미혹되다 7. 빛, 광채 8. 영광, 영예

暉 빛날 휘 1. 빛, 광채 2. 빛나다, 광채가 나다 3. 밝다 4. 금휘(琴徽: 기러기발. 거문고, 가야금, 아쟁 따위의 줄을 고르는 기구)

門 문 문 1. 문 2. 집안 3. 문벌(門閥) 4. 동문(同門)

요휘문

요휘문과 경극문은 대조전 서쪽에 있는 수라간으로 통하는 문이다. 먼저, 두 글자가 모두 밝게 빛난다는[耀][暉] 뜻의 요휘문은 지형의 높이 차로 인해 설치된, 희정당의 서쪽 마당에서 수라간으로 직접 올라가는 계단의 끝에 남향으로 서 있다. 현판 앞에 달린 전등으로 인해 가운데 글자의 일부가 잘 보이지 않는다.

한편 요휘문 앞 계단 위에서 청기와 지붕의 선정전 쪽을 바라볼

慶 경사 **경** 1. 경사(慶事) 2. 선행(善行) 3. 상, 상으로 내리는 것 4. 복, 다행한 일 5. 하례하다(賀禮--) 6. 경사스럽다, 축하하다 7. 기뻐하다
極 다할 **극** 1. 극진하다 2. 지극하다 3. 다하다 4. 이르다, 다다르다 5. 이르게 하다, 미치게 하다 … 18. 북극성 19. 정점(頂點), 최고의 자리 20. 제위(帝位) 21. 임금의 자리 …
門 문 **문** 1. 문 2. 집안 3. 문벌(門閥) 4. 동문(同門)

경극문

122 창덕궁 창경궁 현판으로 읽다

때 서쪽에 넓은 공터가 있는데 그곳이 바로 영조를 낳은 숙빈 최 씨의 거처였던 보경당(寶慶堂)이 있던 자리다. 숙빈 최 씨의 라이벌이었던 희빈 장 씨〔장 희빈〕의 거처 취선당(就善堂)이 보경당에서 대략 200m 정도 떨어진 창경궁 쪽에 있었다고 전해지는데 단순히 임금 처소와의 거리로 판단해 본다면 보경당이 더 총애를 받았음을 암시하는 듯하다.

한편 대조전에서 서쪽에 있는 수라간으로 통하는 문이 바로 경극문이다. 경사스러움〔慶〕이 지극하다〔極〕는 뜻의 경극문 현판은 수라간 쪽에 걸려있어서 관람 동선을 따라가다 보면 그곳에 현판이 있다는 사실조차 모르는 사람이 많다. 예서체에 가까운 글씨체가 변형이 심해서 일반인들은 특히 경사 경(慶) 자를 알아보기 어려워한다.

景	별	경	1. 볕, 햇빛, 햇살 2. 해, 태양 3. 경치, 풍치, 풍물 4. 바람의 이름 5. 남풍, 온화한 바람 6. 환하다, 빛나다 7. 경사스럽다, 상서롭다 8. 우러러보다, 숭배하다 9. 크다(=京)
薰	향초	훈	1. 향초 2. 향내 3. 교훈 4. 공, 공로 5. 오랑캐의 이름 6. 솔솔 불다 7. 태우다 8. 훈자하다(薰煮--: 태우고 삶다) 9. 향기롭다
閣	집	각	1. 집 2. 문설주 3. 마을 4. 관서 5. 궁전 6. 내각(內閣) 7. 다락집 …

경훈각

　눈 앞에 펼쳐진 풍경[景]에서 향기[薰]가 난다는 뜻의 경훈각은 대조전 서북쪽에 있는 전각으로 대조전과는 복도로 연결되어 있다. 지금은 단층 건물이지만 동궐도 속에는 2층 건물로 나오는데, 1층은 경훈각, 2층은 징광루(澄맑을 징/光빛 광/樓다락 루)라고 하였다. 징광루의 뜻도 맑은[澄] 빛[光]의 누각이라는 뜻이므로 아래층 경훈각과는 꽤 잘 어울리는 이름이다.

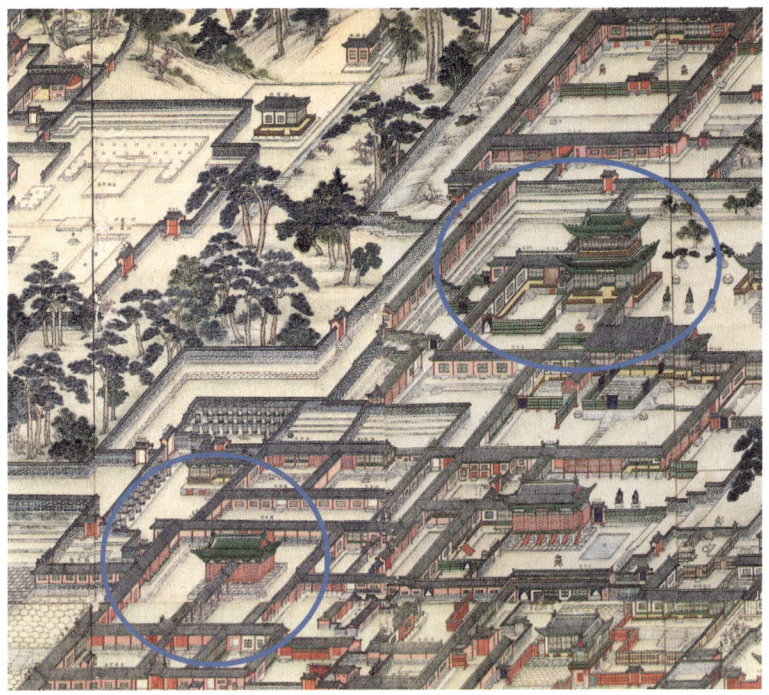

동궐도-경훈각과 선정전 부분 [동아대학교 박물관]

그런데 동궐도 속의 경훈각은 앞쪽에 있는 선정전과 더불어 창덕궁과 창경궁 내에서 청기와를 올린, 단 두 개의 전각 중 하나다. 그만큼 중요한 건물이라는 것을 방증한다. 이 경훈각은 임진왜란 때 구원병을 보내준 명나라 신종 황제로부터 받은 옷과 명나라 마지막 황제인 의종의 어필 편액을 보관하고 있었던 것을 실록 기사에서 알 수 있다. 그 때문에 황제를 상징하기 위해 다른 전각과는 차별화를 두어 지붕을 청기와로 만든 것이다. 이런 중요한 건물이 중궁전과 연결되어 있을 리는 없다. 따라서 대조전은 중궁전이 아니라 대전이라는 또 다른 증거이기도 하다.

清 맑을 청 1. 맑다 2. 깨끗하다 3. 탐욕이 없다 4. 빛이 선명하다 5. 사념이 없다 6. 분명하다 7. 한가하다 8. 고요하다(조용하고 잠잠하다) 9. 끝장을 내다 10. 거스르다 11. 차갑다 …

香 향기 향 1. 향기 2. 향 3. 향기로움 4. 향료 5. 향기롭다 6. 감미롭다

閣 집 각 1. 집 2. 문설주 3. 마을 4. 관서 5. 궁전 6. 내각(內閣) 7. 다락집 …

청향각

  맑은〔淸〕 향기〔香〕의 집이라는 뜻의 청향각은 대조전의 동북쪽에 있는 부속 건물이다. 그런데 청향각이란 이름은 『동궐도』에도 없고, 실록이나 기타 관련 기록에도 전혀 보이지 않는다. 따라서 1917년 창덕궁 대화재 때 경복궁의 교태전을 헐어서 대조전 일곽을 복구하였는데, 이때 교태전의 부속 건물 중 일부가 딸려온 것으로 추정된다.

이 청향각에서 눈길을 끄는 것은 전각이 아니라 청향각 옆에 있는 지붕 높이의 굴뚝이다. 네 면을 돌아가면서 '龍(용)'·'鳳(봉)'·'皇(황)'·'貞(정)' 등의 문자와 함께 화조·토끼·괴석·국화 등 다양한 상서로운 문양이 새겨져 있다. 일단 문자만 살펴보면 용(龍)과 봉(鳳: 수컷)은 모두 상서로운 동물을 나타내며, 황(皇) 역시 임금이나 봉황(凰: 암컷)을 뜻하는 것으로 보인다. 정(貞)은 지조와 마음이 곧고 바름을 나타낸다.

청향각 뒤쪽 굴뚝과 굴뚝에 새겨진 문양

嘉 아름다울 가 1. 아름답다 2. 기리다 3. 경사스럽다 4. 칭찬하다 5. 기뻐하다 6. 즐기다 7. 맛좋다

靖 편안할 정 1. 편안하다 2. 평안하다 3. 꾀하다 4. 다스리다 5. 진정시키다 6. (질서를) 안정시키다 7. 평정하다 8. 조용하다 9. 무사하다

堂 집 당 1. 집, 사랑채 2. 마루, 대청 3. 근친(近親), 친족(親族) …

가정당

　대조전의 뒤쪽 화계 위에는 넓은 공터가 펼쳐져 있고 그 끝에 아름답고〔嘉〕 편안한〔靖〕 집이라는 뜻의 가정당이 있다. 가정당은 왕의 개인적인 휴식 공간으로 추정되는데 청향각과 마찬가지로 『동궐도』에서는 보이지 않는다. 또한, 19세기 말 덕수궁 석어당 북쪽에도 같은 이름의 전각이 있었다. 따라서 여러 자료와 상황을 종합해보면 일제강점기인 1925년에 덕수궁의 가정당을 이곳에 옮

| 天 하늘 | 천 | 1. 하늘 2. 하느님 3. 임금, 제왕(帝王), 천자(天子) 4. 자연 5. 천체, 천체의 운행 6. 성질, 타고난 천성 7. 운명 8. 의지 9. 아버지, 남편 …
| 章 글 | 장 | 1. 글, 문장(文章) 2. 악곡(樂曲)의 단락 3. 시문(詩文)의 절, 단락 4. 구별 5. 기, 표지(標識) 6. 모범, 본보기 7. 조목(條目) 8. 법(法) …
| 門 문 | 문 | <u>1. 문</u> 2. 집안 3. 문벌(門閥) 4. 동문(同門)

천장문

겨온 것으로 추정하고 있다.

    천장문은 대조전 뒤쪽 화계의 동쪽 끝에서 위로 올라가는 계단의 끝부분에 서 있는 월문〔윗부분이 둥글게 생긴 문〕 형식의 문이다. 글씨는 현판을 내거는 방식이 아니라 상부의 돌에 새겼는데, 남쪽이 아니라 북쪽에 새겨져서 계단 쪽에서는 보이지 않는다. 이 문을 통하면 가정당과 후원으로 갈 수 있다. 천장의 뜻은 하늘 또는 천자〔天〕의 문

천장문에 새겨진 학 문양

장(章)을 뜻하는데, 고려 시대 송나라 황제가 내린 어필이나 서화 등을 보관하던 관청의 이름이 천장각(天章閣)이었다. 공식적인 기록이 없어서 천장문 이름이 붙여진 이유를 단정 지을 수는 없지만, 고려 천장각의 목적에 모화사상의 고취가 일부 있었던 것처럼 천장문도 근처의 경훈각과 징광루의 용도와 연관지어 생각해보면 모화사상이라는 유사점을 찾을 수 있을 것 같다.

가을(秋) 볕(陽)이라는 뜻의 추양문은 천장문에서부터 약 40m 정도 서쪽에 있는데, 천장문과 쌍둥이처럼 생긴 문이다. 천장문과 마찬가지로 글씨는 문의 상부에 새겨졌고, 남쪽이 아니라 북쪽에 새겨져서 계단 쪽에서는 보이지 않으며, 가정당과 후원으로 통한다. 천장문에 비해 서쪽에 있기 때문에 오행에서 서쪽을 뜻하는 가을 추(秋) 자를 이름 속에 넣은 듯하다. 가정당, 천장문, 추양문 모두 출

秋 가을 추 1. 가을 2. 때, 시기 3. 세월 4. 해, 1년

陽 볕 양 1. 볕, 양지 2. 해, 태양 3. 양, 양기(陽氣) 4. 낮, 한낮 5. 남성 6. 하늘 … 15. 드러내다 16. 밝다 17. 맑다 18. 선명하다 19. 양각하다(陽刻--) 20. 굳세고 사납다

門 문 문 1. 문 2. 집안 3. 문벌(門閥) 4. 동문(同門)

추양문

입통제구역 내에 있다. 심지어 가정당은 높이차로 인해 건물 자체를 볼 수 없다. 반면 천장문과 추양문은 건물은 보이지만 진입하는 계단 아래서부터 통제구역이라 반대편에 새겨져 있는 문의 이름을 직접 볼 수는 없다.

창덕궁-내전(內殿) 일원

창덕궁
성정각(誠正閣) 일원

성정각 봄풍경

誠 정성 성 1. 정성 2. 진실 3. 참 4. 참으로 5. 만약, 과연 6. 참되게 하다
7. 삼가다(몸가짐이나 언행을 조심하다), 공경하다 8. 자세하다

正 바른 정 1. 바르다 2. 정당하다, 바람직하다 3. 올바르다, 정직하다 4. 바로잡다 5. 서로 같다
6. 다스리다 7. 결정하다 8. 순일하다(純---), 순수하다(純粹--) 9. (자리에) 오르다

閣 집 각 1. 집 2. 문설주 3. 마을 4. 관서 5. 궁전 6. 내각(內閣) 7. 다락집 …

성정각과 돌절구

　　희정당의 동남쪽에 있는 성정각은 동궁(東宮)에 속한 전각으로 세자가 학문을 갈고닦던 곳이다. 중심 건물은 남향을 하고 있으며 동쪽 끝에는 누마루가 설치되어 있는데, 누마루에는 현판이 두 개씩이나 붙어있지만 정작 본 건물에는 현판이 없다. 현판이 없는 이유는 성정각 마당에 있는 돌절구와 관련이 있는데 자세한 것은 뒤에 설명하기로 한다. 성정각의 이름 '성정'은 정성스러움(誠)과 올

바름〔正〕을 뜻하는데 『대학(大學)』의 8조목 중 '성의(誠意)', '정심(正心)'에서 앞글자를 따서 붙였다.

物格而后 知至 (물격이후 지치) 知至而后 意誠 (지치이후 의성)
사물物을 연구한格 이후而后라야 앎에知 이르고至
앎에知 이른至 이후而后라야 뜻意이 성실해진다誠.
Things being investigated, knowledge became complete.
Their knowledge being complete, their thoughts were sincere.

意誠而后 心正 (의성이후 심정) 心正而后 身修 (심정이후 신수)
뜻이意 성실해진誠 이후而后라야 마음이心 바르게正 되고
마음이心 바르게正 된 이후而后라야 몸을身 수양할修 수 있다.
Their thoughts being sincere, their hearts were then rectified.
Their hearts being rectified, their persons were cultivated.

身修而后 家齊 (신수이후 가제) 家齊而后 國治 (가제이후 국치)
몸을身 수양한修 이후而后라야 집안〔영지〕家이 고르게齊 되고
집안〔영지〕家이 고르게齊 된 이후而后라야 나라國가 다스려진다治.
Their persons being cultivated, their families were regulated.
Their families being regulated, their states were rightly governed.

國治而后 天下平 (국치이후 천하평)
나라國가 다스려治 진 이후而后라야 천하天下가 태평하게平 된다.
Their states being rightly governed, the whole kingdom was made tranquil and happy.

迎	맞을	영	1. 맞다 2. 맞이하다 3. 영접하다 4. 마중하다 5. 맞추다 6. ~를 향하여 7. ~쪽으로
賢	어질	현	1. 어질다 2. 현명하다 3. 좋다 4. 낫다, 더 많다 5. 넉넉하다, 가멸다(재산이 넉넉하고 많다) 6. 존경하다 7. 두텁다 8. 착하다, 선량하다 9. 지치다, 애쓰다 10. 어진 사람 …
門	문	문	1. 문 2. 집안 3. 문벌(門閥) 4. 동문(同門)

영현문

『대학』은 공자의 가르침을 정통으로 나타내는 유교 경전 중에서도 사서(四書)의 첫 번째로 꼽히는 책으로서 성균관에 입학한 유생들이 가장 먼저 공부하는 과목이었다. 『대학』에서는 학문의 큰 구조를 3강령 8조목으로 분류하고 있는데, 밝은 덕을 밝히는 명명덕(明明德)[1], 백성들을 친애(사랑)하는 친민(親民)[2], 지극한 선(善)의 경지에 머무르는 지어지선(止於至善)[3]을 3강령으로 삼고, 격물(格物)[1]·치지(致知)[2], 성의(誠意)[3], 정심(正心)[4], 수신(修身)[5], 제가(齊家)[6], 치국(治國)[7], 평천하(平天下)[8]를 8조목으로 삼았다. 성정각은 8조목의 세 번째와 네 번째인 '성의, 정심'의 첫 글자를 딴 것으로 올바른 길을 가되, 매사에 정성을 다함으로써 최종적으로 지극한 선의 경지에 이를 수 있도록 하는 대학의 가르침을 담고 있다.

현인[賢]을 맞아들인다는[迎] 뜻의 영현문은 남향을 하고 있는 성정각의 정문이다. 성정각이 어린 세자가 공부하는 곳이므로 훌륭한 스승을 모신다는 뜻으로 이해될 수 있다. 참고로 경복궁의 동궁인 자선당에는 어진 현인을[賢] 구한다는[求] 뜻의 구현문(求賢門)이 있다.

報 알릴 보 1. 갚다 2. 알리다 3. 대답하다 4. 여쭈다 5. 치붙다 6. 재판하다 7. 판가름하다
8. 공초받다 9. 간통하다, 간음하다 10. 나아가다

春 봄 춘 1. 봄 2. 동녘 3. 술 4. 남녀의 정 5. 젊은 나이 6. 정욕(情慾)

亭 정자 정 1. 정자 2. 역마을 3. 여인숙, 주막집 4. 초소 5. 한가운데 …

보춘정

성정각 건물의 동쪽 끝에는 남북 방향으로 긴 3칸짜리 누각이 있는데 남쪽 현판에는 봄〔春〕을 알린다〔報〕는 뜻의 보춘정(報春亭), 동쪽 현판에는 비〔雨〕를 기뻐한다는〔喜〕 뜻의 희우루(喜雨樓)가 새겨져 있다. 『궁궐지』의 기록도 현재 상태를 그대로 묘사하고 있다.

喜雨樓報春亭 (희우루보춘정)

卽誠正閣之東樓 (즉성정각지동루)

東曰喜雨 (동왈희우)

南曰報春 (남왈보춘)

희우루喜雨樓와 보춘정報春亭은
즉卽 성정각의誠正閣之 동쪽東 누각樓인데
동쪽東을 희우喜雨라 말하고曰,
남쪽南을 보춘報春이라 말한다曰.

보춘정의 춘(春) 자는 글자 그대로의 의미는 봄이지만, 세자를 가리켜 동궁(東宮) 또는 춘궁(春宮)이라 하는 것을 감안할 때 중의법(重義法)으로 쓰였음을 알 수 있다. 앞서 살펴본 구선원전의 동쪽 출입문 이름도 같은 뜻의 보춘문(報春門)이었다.

한편, 비[雨]를 기뻐한다는[喜] 희우루의 뜻에서 기뻐하는 비는 그냥 비가 아니라 가뭄 끝에 내리는 단비를 뜻한다. 정조의 문집인 『홍재전서(弘齋全書)』 「희우루지(喜雨樓志)」에 따르면 정조 1년(1777)에 가뭄이 심했는데 이 누각을 짓기 시작하자 마침 비가 내렸고, 또 몇 달 동안 가물다가 이 누각이 완성되어 임금이 행차하자 다시 비가 내려서 정조가 직접 희우(喜雨)라는 이름을 지어 기념했다는 내용이 실려있다.

그런데 희우루(喜雨樓) 또는 희우정(喜雨亭)이라는 이름의 누각이나 정자는 성정각뿐만 아니라 전국 각지 여러 곳에 있을뿐더러 심지어 중국에도 많다. 그 이유는 송나라의 소식(蘇軾. 소동파)이 「희우정기(喜雨亭記)」를 지은 이래로, 오랜 가뭄 끝에 내리는 단비를 기념하기 위해서 희우라는 이름을 붙이는 것이 유행이 되었기 때문이다. 소식의 「희우정기」 시작 부분은 다음과 같다.

喜 기쁠 희 1. 기쁘다 2. 기뻐하다 3. 즐겁다 4. 즐거워하다 5. 좋다 6. 좋아하다 7. 즐기다
8. 사랑하다 9. 기쁨 10. 즐거움 11. 행복(幸福)

雨 비 우 1. 비 2. 많은 모양의 비유 3. 흩어짐의 비유 4. 가르침의 비유 5. 벗의 비유
6. 비가 오다 7. (하늘에서) 떨어지다 8. (물을) 대다 9. 윤택하게 되다

樓 다락 루 1. 다락 2. 망루(望樓) 3. 집 대마루 4. 층집 5. 점포 6. 동(棟)(단위의 이름)

관물헌에서 바라본 희우루와 현판

亭以雨名 志喜也 (정이우명 지희야)

　정자亭를 비雨로써以 이름名 지으니, 기쁨을喜 기록하기志 위함이라也.

古者有喜 卽以名物 示不忘也 (고자유희 즉이명물 시불망야)

　옛날에古者 기쁜喜 일이 있으면有,

　즉卽 그것으로써以 사물에物 이름을名 지었으니,

　잊지忘 않을不 것임을 보인示 것이다也.

調 고를 조   1. 고르다 2. 조절하다 3. 어울리다 4. 길들이다 5. 꼭 맞다, 적합하다 6. 지키다, 보호하다 7. 비웃다, 조롱하다 8. 속이다, 기만하다 9. 뽑히다, 선임되다 …

和 화할 화   1. 화하다(和--) 2. 화목하다(和睦--) 3. 온화하다 4. 순하다 5. 화해하다 6. 같다 7. 서로 응하다 8. 합치다 9. 허가하다 …

御 거느릴 어   1. 거느리다, 통솔하다 2. 다스리다, 통치하다 3. 어거하다 4. 거동하다(擧動) 5. 짐승을 길들이다 6. 교합하다

藥 약 약   1. 약 2. 약초 3. 구릿대 4. 구릿대의 잎 5. 작약 6. 사약(賜藥) 7. 독 8. 아편 …

조화어약 현판

　조화어약과 보호성궁은 성정각의 맞은편 4칸짜리 맞배지붕 건물에 붙어있는 현판이다. 조화어약(調和御藥)은 임금[御]의 약[藥]을 조화[和]가 잘 되도록 조제한다[調]라는 뜻이고, 보호성궁(保護聖躬)은 성스러운[聖] 임금의 몸[躬]을 지키고[保] 보호한다[護]는 뜻이다. 그런데 이런 현판은 세자의 공간보다는 내의원에 더 어울릴 듯한

창덕궁-성정각(誠正閣) 일원

保	지킬	보	1. 지키다, 보호하다, 보위하다(保衛--) 2. 유지하다, 보존하다 3. 보증하다, 책임지다 4. 보증을 서다 5. 돕다, 보우하다(保佑--) 6. 기르다, 양육하다 …
護	도울	호	1. 돕다 2. 지키다 3. 보호하다(保護--) 4. 통솔하다(統率--)
聖	성인	성	1. 성인(聖人) 2. 임금, 천자의 존칭 3. 걸출한 인물 4. 신선 5. 슬기, 기술 6. 맑은 술 7. 거룩하다, 신성하다 8. 성스럽다, 존엄하다
躬	몸	궁	<u>1. 몸, 신체</u> 2. 자기, 자신 3. 활 4. 과녁 아래위의 폭 5. 몸소, 스스로, 직접 6. 몸소 행하다, 스스로 하다 7. (몸에) 지니다 8. 굽히다 …

보호성궁과 조화어약 현판

데, 성정각에 왜 이런 현판이 붙어있을까? 성정각의 마당에는 또 다른 단서도 있다. 바로 돌절구다.

원래 내의원은 앞서 살펴본 바와 같이 궐내각사 구역의 옥당 동 북쪽에 있었다. 그러나 정확한 시기와 이유는 알 수 없으나 대략 순종 때 내의원이 현재의 성정각으로 이전했음을 알 수 있다. 성정

성정각 앞 돌절구

각에 현판이 없는 이유도 성정각에 내의원이 들어오면서 그 영향을 받은 듯하다. 또한, 성정각 마당의 돌절구는 약재를 빻기 위한 것이었음을 짐작할 수 있다.

두 현판을 자세히 들여다보면 임금을 높이는 차원에서 임금을 뜻하는 글자인 성궁(聖躬)과 어(御) 자를 다른 글자보다 조금 더 위로 올려 쓴 것이 재미있다. 조선 시대에 공식문서를 한자로 쓸 때는 임금을 상징하는 부분은 일부러 한 칸을 위쪽으로 내어쓰기를 한다. 또한, 한자는 원칙적으로 띄어쓰기가 없다. 하지만 임금을 높이는 차원에서 임금을 지칭하는 단어가 나오면 그 앞에서 띄어 쓰는데 왕세자도 마찬가지다. 만약 임금과 왕세자가 한 문장 속에 같이 나온다면 임금 앞에서는 두 칸을 띄어 씀으로 해서 서열을 확실히 한다.

觀 볼 관 1. 보다 2. 보이게 하다 3. 보게 하다 4. 나타내다 5. 점치다 6. 모양 7. 용모 8. 생각 9. 누각(樓閣) 10. 황새 11. 괘(卦)의 이름
物 물건 물 1. 물건 2. 만물 3. 사물 4. 일, 사무 5. 재물 6. 종류 7. 색깔 8. 기(旗) 9. 활 쏘는 자리 10. 얼룩소 11. 사람 12. 보다 13. 살피다, 변별하다 14. 헤아리다, …
軒 집 헌 1. 집 2. 추녀, 처마 3. 수레, 초헌(◻軒) 4. 난간 5. 창(窓), 들창 6. 행랑 …

집희 현판과 관물헌 건물

 성정각의 뒤쪽에는 만물(物)을 본다(觀)는 뜻의 관물헌(觀物軒)이 있다. 실제 관물(觀物)의 뜻은 중국 북송 시대 송조육현(宋朝六賢)의 한 사람인 소옹(邵雍)이라는 사상가의 『관물편(觀物篇)』에서 인용한 것으로 '만물을 보고 그 이치를 궁구(깊이 연구함)한다'라는 뜻이다. 그러나 관물헌도 자기 이름의 현판은 없는데 그 이유는 성정각과 마찬가지로 내의원이 들어오면서 영향을 받은 것 같다. 그 대신

緝 모을 집　1. 모으다 2. 모이다 3. 길쌈하다(실을 내어 옷감을 짜다) 4. 꿰매다, 깁다 5. 엮다, 편집하다 6. 잇다, 계속하다 7. 화합하다 8. 화목하다 …

熙 빛날 희　1. 빛나다 2. 말리다, (햇볕에) 쬐다 3. 화락하다(和樂--) 4. 기뻐하다 5. 놀다 6. 넓다, 넓어지다 7. 일어나다, 흥성하다 8. 복 9. 탄식하는 소리

집희(緝熙)라는 현판이 붙어있다. 관물헌은 『동궐도』에서는 넉넉함〔餘〕이 있는〔有〕 맑은〔淸〕 집이라는 뜻의 유여청헌(有餘淸軒)으로 표기되어 있으나 『동궐도형』에서는 관물헌으로 표기되어 있다.

한편, 계속하여〔緝〕 밝게 빛난다〔熙〕는 집희(緝熙)의 원전은 『시경(詩經)』 대아(大雅) 문왕지십(文王之什) 편이다.

穆穆文王 於緝熙敬止 (목목문왕 어집희경지)

　심원하신穆穆 문왕이시여文王,

　아於, 공경을敬 계속해서緝 밝히셨도다熙止.

Profound was king Wen;

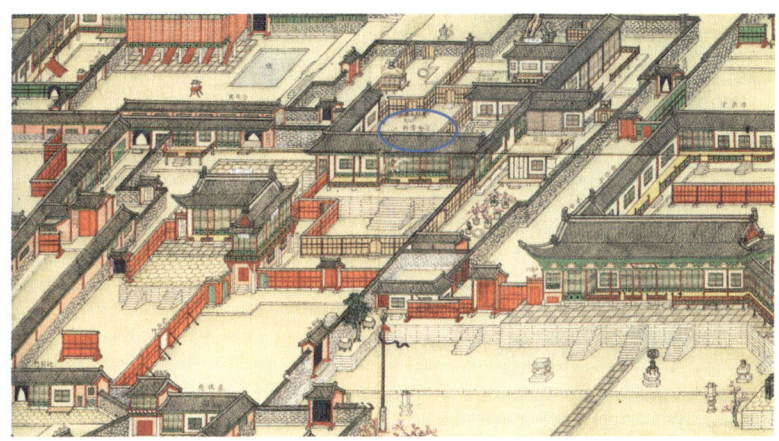

동궐도-관물헌(유여청헌) 부분 [동아대학교 박물관]

창덕궁-성정각(誠正閣) 일원　145

Oh! continuous and bright was his feeling of reverence.
假哉天命 有商孫子 (가재천명 유상손자)
위대한假哉 천명은天命 상商왕조의 자손에게孫子 있었도다有.
Great is the appointment of Heaven! There were the descendants of [the sovereigns] of Shang; -
The descendants of the sovereigns of Shang.

주자는 이 구절 속의 집희에 대해 임금〔문왕〕의 밝은 덕이 계속해서 빛난다는 뜻으로 해석했는데, 같은 구절에서 힌트를 얻어 전각 이름으로 삼은 곳이 경복궁의 집경당(緝敬堂)이다. 한편, 이 집희 현판에는 임금의 글씨라는 '어필(御筆)'과 제작 시기인 '갑자년(甲子年)'이 보이는데 글씨가 다소 서툰 점으로 미루어보아 1864년(갑자년) 당시 15세였던 어린 고종의 글씨로 추정하고 있다.

한편, 집희의 현판 위치에 관한 의문점이 있다. 과거 인터넷 사진 자료를 찾아보면 집희 현판은 관물헌 건물의 가운데 2칸짜리 대청 중에서 오른쪽에 걸려있기도 했고, 왼쪽에 걸려있기도 했었다. 현판 위치가 바뀌었다는 것은 새로운 고증자료가 나왔다는 뜻이다. 그런데 근거로 삼을 만한 자료 중에서 동궐도는 제외해야 한다. 왜냐하면, 동궐도는 순조 때 만들어진 탓에 훨씬 후대에 만들어진 고종 때의 집희 현판은 당연히 등장하지 않는다. 동궐도형에는 다행히 집희 현판 위치가 나와 있는데 의외로 대청이 아닌 동쪽 방 쪽에 붙어있다. 집희 현판의 위치에 대한 고증작업이 좀 더 필요할 것 같다.

資 재물 자 1. 재물(財物) 2. 자본(資本) 3. 바탕 4. 비용(費用) 5. 의뢰(依賴) 6. 도움 7. 돕다
8. 취하다(取--) 9. 주다 10. 쓰다

始 비로소 시 1. 비로소 2. 바야흐로 3. 먼저, 앞서서 4. 일찍, 일찍부터 5. 옛날에, 당초에
6. 처음, 시초 7. 근본, 근원 8. 시작하다 9. 일으키다

門 문 문 1. 문 2. 집안 3. 문벌(門閥) 4. 동문(同門)

자시문

자시문은 원래 세자의 정당(正堂: 한 구획 내에 지은 여러 채의 집 가운데 가장 주된 집채)이었던 중희당(重熙堂: 현재 성정각의 동쪽이자, 후원으로 들어가는 넓은 통로가 옛 중희당 자리다) 서쪽에 위치했던 문이다. 그러나 중희당이 없어진 지금은 성정각의 동쪽 출입문처럼 되어 있다. 참고로 경복궁의 경회루 출입문에도 한자까지 똑같은 자시문이 있다.

원래 자시(資始)의 출전은 『주역』 건(乾)괘인데, 시작 부분의 '위대하구나, 건의 으뜸이여(大哉 乾元), 만물은 (하늘을) 바탕으로 해서 비롯되나니(萬物資始), 곧 하늘에 통합되어 있다(乃統天).'라는 구절에서 자

창덕궁-성정각(誠正閣) 일원 147

시(資始)를 따온 것임을 알 수 있다. 결론적으로 자시문은 만물의 생성이 건원(乾元) 즉, 하늘에 뿌리를 두고 있음을 표현한 것이다.

乾 元亨利貞 (건 원형이정)

건은乾 원형이정이다元亨利貞.

Qian (represents) what is great and originating, penetrating, advantageous, correct and firm.

大哉 乾元 萬物資始 乃統天 (대재 건원 만물자시 내통천)

위대하구나大哉, 건乾의 으뜸元이여,

만물萬物은 [건원(乾元=하늘)을] 바탕으로資 비롯되나니始,

곧乃 하늘에 속한다統天.

Vast is the 'great and originating (power)' indicated by Qian!

All things owe to it their beginning:

- it contains all the meaning belonging to (the name) heaven.

그러나 자시문이 동궁에 속한 문이라는 점을 감안한다면 세자의 출발 또는 시작[始]을 돕는다[資]는 중의적 해석도 가능하다.

望	바랄	망	1. 바라다, 기다리다 2. 기대하다, 희망하다 3. 그리워하다 4. 바라보다 5. 망보다, 엿보다 6. 원망하다, 책망하다 7. 보름, 음력 매월 15일 8. 전망 …
春	봄	춘	1. 봄 2. 동녘 3. 술 4. 남녀의 정 5. 젊은 나이 6. 정욕(情慾)
門	문	문	1. 문 2. 집안 3. 문벌(門閥) 4. 동문(同門)

망춘문

봄(春)을 기다린다(望)는 뜻의 망춘문(望春門)은 관물헌 뒤의 후원으로 이어진 길가에 동쪽으로 난 문이다. 그런데 현재 현판에 쓰인 바랄 망(望) 자가 낯설어서 무슨 글자인지 갸우뚱하는 사람이 많은데, 우리가 흔히 쓰는 바랄 망(望) 자와 모양은 다르지만 같은 글자 [異形同字]다.

몇 년 전까지만 해도 망춘문 현판은 바로 옆에 남향으로 서 있

同 한가지 동　1. 한가지 2. 무리 3. 함께 4. 그 5. 전한 바와 같은 6. 같다 7. 같이하다 8. 합치다
　　　　　　　9. 균일하게 하다 10. 화합하다 11. 모이다 12. 회동하다
仁 어질 인　1. 어질다, 자애롭다, 인자하다 2. 감각이 있다, 민감하다 3. 사랑하다 4. 불쌍히 여
　　　　　　　기다 5. 어진 이, 현자(賢者) 6. 인, 어진 마음, 박애 7. 자네 8. 씨
門 문 문　1. 문 2. 집안 3. 문벌(門閥) 4. 동문(同門)

동인문

는 문에 붙어있었다. 마치 대조전 옆의 여춘문(麗春門)이 원래 동향이었으나 지금의 위치로 옮겨지면서 방향도 남향으로 바뀐 것처럼, 망춘문도 한때 남향으로 서 있었다. 그러나 『동궐도』를 자세히 보면 망춘문은 희정당의 동문으로서 여춘문에서 이어지는 같은 담장 위에서 동·서 방향으로 되어 있었기 때문에 이를 근거로 해서 지금처럼 동향으로 바로 잡았다. 그렇다면 바로 옆에서 남향으

로 서 있는 현판 없는 문(옛 망춘문)의 원래 이름은 무엇일까? 동궐도에 그 답이 나와 있다. 경사로움(慶)이 엉겨서(凝) 하나로 응결된다는 응경문(凝慶門)이다.

　차별 없이 똑같이(同) 인(仁)을 베풀어 준다는 뜻의 동인문(同仁門)은 누가 보더라도 성정각의 서쪽 담장에 속해 있는 것처럼 보인다. 하지만 『동궐도』를 참고하면 원래는 희정당의 동쪽 문이었음을 알 수 있다. 흥인지문(속칭 동대문)처럼 이름 속의 인(仁) 자가 동쪽을 의미하기 때문이다. 현재는 희정당과 성정각 사이에 관람로가 만들어지면서 뜻하지 않게 동인문이 희정당으로부터 격리되어 버렸다. 동인문처럼 원래 소속이 헷갈리는 문이 또 하나 있는데, 앞서 살펴본 구선원전의 동쪽 출입문인 보춘문도 자칫 양지당에 속하는 것처럼 오해받기 쉽다.

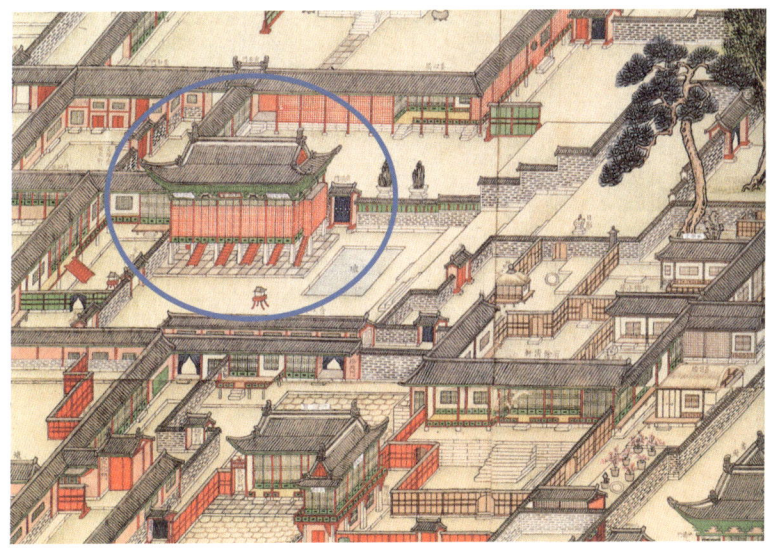

동궐도-희정당 부분 [동아대학교 박물관]

창덕궁-성정각(誠正閣) 일원　151

承 이을 승　1. 잇다, 계승하다 2. 받들다 3. 받다, 받아들이다 4. 장가들다 5. 돕다 6. 도움
　　　　　　7. 후계, 후사 8. 절구(節句)에서 둘째 구의 이름 9. 차례, 순서
華 빛날 화　1. 빛나다 2. 찬란하다 3. 화려하다 4. 사치하다 5. 호화롭다 6. 번성하다
　　　　　　7. 머리 세다 8. 꽃 9. 광채 10. 때 11. 세월 12. 시간 …
樓 다락 루　1. 다락 2. 망루(望樓) 3. 집 대마루 4. 층집 5. 점포 6. 동(棟)(단위의 이름)

승화루

　낙선재의 뒤편에는 계단식으로 화계가 조성되어 있고 그 화계의 맨 위쪽에는 서쪽에서 동쪽으로 승화루, 상량정, 한정당, 취운정이 나란히 자리 잡고 있다. 가장 서쪽의 승화루는 원래 소주합루(小宙合樓)로 불렸으나 헌종 때 승화루로 이름이 바뀌었다. 승화루는 화려함(華)을 계승(承)한다는 뜻이며, 더욱이 승화루의 옛 이름이 작은 주합루(정조가 만들었던 규장각의 2층 누각)였다는 사실로부터 우리는

훌륭한 증조부 정조를 본받으려 했던 헌종의 생각을 읽을 수 있다.

　현재는 낙선재의 뒤쪽을 통해 승화루를 출입하기 때문에 낙선재 후원의 일부라고 생각하기 쉽지만 원래 승화루는 세자의 동궁 영역 즉, 중희당과 연결되었던 전각이다. 그래서 육각정인 삼삼와(三三窩)와 옛 중희당과 연결하던 복도각인 칠분서(七分序)와도 연결되어 있다. 소주합루라는 옛 이름에서도 알 수 있듯이 왕실도서관의 기능도 일부 담당했었는데, 현재 규장각에는 승화루에서 소장하던 서책 및 서화의 목록인 승화루서목(承華樓書目) 필사본이 소장되어 있다. 승화루 마당의 석연지(石硯池)는 뒤에서 다시 설명하겠다. 낙선재 후원 쪽은 올라가는 계단에서부터 모두 출입통제구역으로 설정되어 있어 승화루 현판을 일반인이 직접 볼 수는 없다.

삼삼와

창덕궁
낙선재(樂善齋) 일원

낙선재 빙렬무늬

樂 즐길 낙 1. 즐기다 2. 즐거워하다 3. 즐겁게 하다 4. 즐거움 a. 노래 (악) b. 풍류 (악)
c. 아뢰다(말씀드려 알리다) (악) d. 연주하다 (악) e. 좋아하다 (요)

善 착할 선 1. 착하다 2. 좋다 3. 훌륭하다 4. 잘하다 5. 옳게 여기다 6. 아끼다 7. 친하다(親--)
8. 사이좋다 9. 착하고 정당하여 도덕적 기준에 맞는 것

齋 집 재 1. 재계하다(齋戒--) 2. 정진하다 3. 공경하다 4. 시주하다 5. 집, 방

낙선재

 선함(善)을 즐긴다(樂)는 뜻을 가진 보물 제1764호 낙선재는 헌종 13년(1847)에 만들어진 사대부 주택형식의 궁궐 건축물로 창덕궁과 창경궁의 경계 부분에 자리 잡고 있다. 넓은 의미로는 낙선재 전각을 중심으로 주변 전각들을 모두 아우르는 건축물군을 가리키지만, 좁은 의미로는 낙선재 현판이 붙은 전각만을 가리킨다. 낙선의 출전은 『맹자』의 「고자 上」편이다.

孟子曰 有天爵者 有人爵者 (맹자왈 유천작자 유인작자)

맹자왈孟子曰,

하늘이天 내린 벼슬이爵者 있고有 사람이人 주는 벼슬이爵者 있다有.

Mencius said, 'There is a nobility of Heaven, and there is a nobility of man.

仁義忠信 樂善不倦 此天爵也 (인의충신 낙선불권 차천작야)

어질고 의로움仁義, 진정성과 믿음忠信,

선을 즐기는樂善 것을 게을리하지 않는 것不倦,

이것은此 하늘이天 내린 벼슬이다爵也.

Benevolence, righteousness, self-consecration, and fidelity, with unwearied joy in these virtues;

these constitute the nobility of Heaven.

公卿大夫 此人爵也 (공경대부 차인작야)

공公, 경卿, 대부大夫 이런此 지위는 사람이人 내린 벼슬이다爵也.

To be a gong, a qing, or a da fu; this constitutes the nobility of man.

단일 전각으로서의 낙선재는 후원의 연경당과 더불어 창덕궁 내에서 단청을 하지 않은 채 일반 사대부집의 주거 형태를 취하고 있는 특이한 건물이다. 낙선재 일원은 궁궐의 침전 형식이 민간 양식으로 응용되는 등 건축적인 가치가 높을뿐더러 조선왕조의 마지막 왕실 가족이 실제 침전으로 사용한 역사성도 매우 높은 곳이다.

우선 순종은 일제에 국권을 빼앗기고 나서 1912년부터 이곳으

長 길 장 1. 길다 2. 낫다 3. 나아가다 4. 자라다 5. 맏 6. 어른 7. 길이 8. 우두머리 9. 처음 10. 늘 11. 항상(恒常)
樂 즐길 락 1. 즐기다 2. 즐거워하다 3. 즐겁게 하다 4. 즐거움 a. 노래 (악) b. 풍류 (악) c. 아뢰다(말씀드려 알리다) (악) d. 연주하다 (악) e. 좋아하다 (요)
門 문 문 1. 문 2. 집안 3. 문벌(門閥) 4. 동문(同門)

장락문

로 거처를 옮겨 거주하였고, 순종비 순정황후도 부속 건물인 석복헌에서 생활하다 1966년 그곳에서 별세하였다. 또한, 고종의 외동딸 덕혜옹주는 일본에서 귀국한 후 수강재에서 기거하다 1989년에 그곳에서 사망했다. 한편, 순종의 이복동생인 영친왕도 일본에서 귀국한 후 1970년에 낙선재에서 사망했고, 영친왕비인 이방자 여사도 1989년 낙선재에서 남편의 뒤를 따랐다.

어진 사람이 오래오래(長) 즐거움(樂)을 누린다는 뜻의 장락문은 낙선재의 정문이다. 장락(長樂)에 대한 출전은 여러 군데 있으나 창덕궁의 정전(正殿)이 인정전(仁政殿)임을 생각하면『논어』「이인」편에서의 용례가 가장 설득력이 있어 보인다. 다만『논어』에서는 오랫동안 즐거움을 누릴 수 있는 사람을 오직 어진 사람(仁者)뿐이라는 것을 반어법으로 표현하고 있다.

子曰 (자왈)
不仁者 不可以久處約 不可以長處樂 (불인자 불가이구처약 불가이장처락)
　공자께서 가라사대子曰, "어질지 못한 사람은不仁者
　곤궁한約 처지에서는處 오래가지久 못 하고不可以
　즐거운樂 처지에서도處 오랫동안長 누리지 못 한다不可以.
The Master said,
"Those who are without virtue cannot abide long either
in a condition of poverty and hardship,
or in a condition of enjoyment.

낙선재의 동쪽 사랑방에는 보소당(寶蘇堂)이란 현판이 걸려있다. 낙선재 현판보다 한 칸 안쪽에 걸려있어서 건물에 바짝 다가서야 비로소 보인다. 단순히 글자 뜻만으로는 결코 해석할 수가 없는데 그 이유는 가운데 소(蘇) 자가 적벽부(赤壁賦)와 소동파(蘇東坡)라는 이름으로 유명한 북송 때 최고의 시인 소식(蘇軾)을 지칭하기 때문이

寶 보배 보 1. 보배 2. 보물 3. 옥새 도장 4. 돈, 전폐 5. 높임말 6. 도(道) 7. 보(寶: 기금 마련 재단)
8. 진귀하 9. 보배로 여기다 10. 귀중하게 여기다

蘇 되살아날 소 1. 되살아나다 2. 소생하다, 깨어나다 3. (잠에서) 깨다 4. 깨닫다 5. 찾다, 구하다 6.
잡다, 취하다 7. 거스르다, 역행하다 8. 그치다, 틀리다 9. 소홀히 하다 …

堂 집 당 1. 집, 사랑채 2. 마루, 대청 3. 근친(近親), 친족(親族) …

보소당

다. 따라서 보소당은 그런 소식(蘇)을 보배(寶)처럼 여긴다는 뜻이다. 또한, 보소당은 낙선재를 지은 헌종의 당호(堂號: 집의 이름에서 따온 그 주인의 호)이기도 했다. 헌종 이외에도 소식을 보배처럼 여긴 사람은 많았다. 추사 김정희도 그랬고, 그가 스승으로 모셨던 청나라의 서예가 겸 학자인 옹방강(翁方綱)도 모두 보소재(寶蘇齋)를 자신의 호로 삼을 정도로 소식은 유교 사회에서 존경과 흠모의 대상이었다.

錫 주석 석 1. 주석(朱錫) 2. 구리 3. 석장(錫杖: 지팡이) 4. 가는 베, 고운 삼베(삼실로 짠 천)
5. 성(姓)의 하나 6. 주다, 하사하다(下賜--)

福 복 복 1. 복, 행복 2. 제육(祭肉)과 술 3. 폭(幅), 포백(布帛)의 너비 4. (복을) 내리다, 돕다
5. 상서롭다 6. 음복하다

軒 집 헌 1. 집 2. 추녀, 처마 3. 수레, 초헌(軒) 4. 난간 5. 창(窓), 들창 6. 행랑 …

석복헌

 복(福)을 내려준다(錫)는 뜻의 석복헌은 낙선재와 수강재 사이에 있는데 후손이 없던 헌종이 후궁 경빈 김 씨(慶嬪金氏)를 위해 마련해준 처소였다. 조선 왕실의 마지막 황후인 순정효황후가 1966년 숨을 거둘 때까지 거처했던 곳이기도 하다. 석복의 원전은 『시경』 「주송(周頌)·열문(烈文)」 편인데, 자손 대대로 복을 누리라는 염원을 담은 것이다.

창덕궁-낙선재(樂善齋) 일원 161

烈文辟公 錫茲祉福 (열문벽공 석자지복)
빛나는 무공烈과 문덕文이 있는 제후들辟公이여,
이茲 복락祉福을 내려 주시니錫
Ye, brilliant and accomplished princess,
Have conferred on me this happiness.

惠我無疆 子孫保之 (혜아무강 자손보지)
우리我에게 주신 은혜惠 끝이疆 없고無,
자손子孫만대 그것을之 보존할保 것이네.
Your favours to me are without limit,
And my descendants will preserve [the fruits of] them.

장수[壽]와 건강[康]을 비는 뜻의 수강재는 낙선재의 가장 동쪽 구역을 차지하고 있다. 바로 옆의 석복헌이 후손을 보기 위해 후궁의 처소로 지어졌다면, 수강재는 글자 뜻 그대로 헌종 때 대왕대비(순원왕후, 순조비)의 장수와 건강을 위해 지어졌다. 장수와 건강은 『서경』「홍범(洪範)」편에서 언급한 오복(五福)의 첫 번째와 세 번째 항목이다.

天乃錫禹 洪範九疇 彝倫 攸敘 (천내석우 홍범구주 이륜 유서) …(중략)…
이에 하늘이天乃 우임금에게禹 홍범구주를洪範九疇 내려주시니錫
이륜(彝倫, 사람으로서 지켜야 할 떳떳한 도리)이 펼쳐지는 바라攸敘.
To him Heaven gave the Great Plan with its nine divisions,
and the unvarying principles (of its method) were set forth in their

壽 목숨 수 1. 목숨 2. 수명(壽命) 3. 장수(長壽) 4. 머리 5. 별의 이름 6. 헌수하다(獻壽--: 장수를 축하하여 술을 드리다) 7. 오래 살다 8. 축수하다(祝壽--: 오래 살기를 빌다)

康 편안 강 1. (몸과 마음이) 편안 2. 오거리 3. 편안하다 4. 편안히 하다 5. 온화해지다, 마음이 누그러지다, 정답게 지내다 6. 즐거워하다, 즐겁다 7. 탐닉하다, 열중하여 …

齋 집 재 1. 재계하다(齋戒--) 2. 정진하다 3. 공경하다 4. 시주하다 5. 집, 방

수강재

due order.

(…중간 생략…)

五福 一日 壽 二日 富 (오복 일왈 수 이왈 부)

오복은 五福 첫째 一曰 장수壽, 둘째 二曰 부귀富

Of the five (sources of) happiness, the first is long life;

the second, riches;

낙선재에서 수강재로 가는 길

三曰 康寧 四曰 攸好德 五曰 考終命 (삼왈 강녕 사왈 유호덕 오왈 고종명)

셋째三曰 강녕康寧, 넷째四曰 유호덕(攸好德, 덕을 좋아해 즐겨 행함),
다섯째五曰 고종명(考終命, 제명대로 살다 죽음)이다.

the third, soundness of body and serenity of mind;

the fourth, the love of virtue;

and the fifth, fulfilling to the end the will (of Heaven).

上	위	상	1. 위, 윗 2. 앞 3. 첫째 4. 옛날 5. 이전 6. 임금 7. 군주 8. 사성의 일종 9. 높다 10. 올리다 11. 드리다 12. 진헌하다 13. 오르다 14. 탈것을 타다
凉	서늘할	량	1. 서늘하다 2. 얇다, 엷다 3. 외롭다, 쓸쓸하다 4. (바람을) 쐬다 5. 맑다, 깨끗하다 6. 미쁘다, 진실되다 7. 돕다, 보좌하다 8. 가을 9. 맑은 술 10. 슬픔, 시름, 근심 …
亭	정자	정	1. 정자 2. 역마을 3. 여인숙, 주막집 4. 초소 5. 한가운데 …

상량정

 시원한〔凉〕 곳에 오른다〔上〕는 뜻의 상량정은 낙선재 건물의 정북쪽에 있으며 낙선재 후원 권역에서도 가장 아름다운 곳으로 손꼽힌다. 『궁궐지』와 『동궐도형』에는 '여섯 모퉁이의 정자로 평원루이다〔六隅亭 平遠樓〕'라고 설명이 되어 있어서 원래 이름은 먼〔遠〕 나라와도 평화〔平〕롭게 지낸다는 고차원의 뜻을 가진 평원루였음을 알 수 있다. 또한, 평원루 현판은 현재 국립고궁박물관 수장고에

상량정 옆 서고

소장되어 있다. 정자의 이름이 나름대로 깊이 있는 뜻의 평원정에서 아주 가벼운 존재감의 상량정으로 이름이 바뀐 것은 일제강점기였다. 그 때문인지 상량정 현판 글씨는 궁궐 내에서 보기 드물게 왼쪽에서 오른쪽으로 쓰여있다.

상량정의 북쪽 바로 앞에는 벽면 전체가 판벽으로 되어 있는 긴 맞배지붕 건물이 있는데 그 속에서 다량의 도서가 발견되었기에 서고 용도로 추정이 되며, 바로 옆에 있는 승화루(소주합루)와도 관련이 있을 것으로 짐작된다.

한가하고〔閒〕 고요한〔靜〕 집이라는 뜻의 한정당은 상량정과 취운정 사이에 있다. 석복헌의 뒤쪽에 해당한다.

주변의 승화루, 상량정, 취운정의 이름이 모두 누정 양식의 건물임을 가리키는 데 비해, 한정당은 평범한 전각의 이름이다. 그러나 실제로는 경관이 좋은 높은 곳에 위치해 있으면서도 앞쪽에는 담장이 없이 완전히 개방된 구조라서 심적으로 아주 상쾌함을 느낄 수 있다. 다만 기단의 바닥면이 전돌이 아닌 타일 형태로 되어

閒 한가할 한 1. 한가하다 2. 등한하다 3. 막다 4. 보위하다 5. 닫다 6. 아름답다 7. 품위가 있다
8. 조용하다 9. 틈, 틈새 10. 마구간 …

靜 고요할 정 1. 고요하다(조용하고 잠잠하다) 2. 깨끗하게 하다 3. 깨끗하다 4. 쉬다, 휴식하다
5. 조용하게 하다 6. 조용하다 7. 조용히

堂 집 당 1. 집, 사랑채 2. 마루, 대청 3. 근친(近親), 친족(親族) …

한정당

있고 일부 창에는 유리로 마감을 하는 등 전통 건축방식에서 벗어나는 점이 있어서 20세기 이후 일제강점기에 만들어진 것으로 보인다.

낙선재 후원의 동쪽 끝에는 창경궁까지도 내려다볼 수 있는 비취색〔翠〕 구름〔雲〕의 정자인 취운정이 있다. 수강재의 뒤쪽에 있는데 건물에는 현판이 걸려있지 않다. 한정당과 상량정은 동궐도에

翠 푸를 취   1. 푸르다 2. 비취색, 청록색 3. 비취(翡翠) 4. 물총새 5. 물총새의 깃
雲 구름 운   1. 구름 2. 습기 3. 높음, 많음, 멂, 덩이짐, 성(盛)함의 비유
亭 정자 정   1. 정자 2. 역마을 3. 여인숙, 주막집 4. 초소 5. 한가운데 …

취운정

서 보이지 않지만, 취운정만큼은 동궐도에도 나올 정도로 연륜이 꽤 오래된 건물임을 알 수 있다. 상량정으로부터 한정당, 취운정에 이르는 동안 언덕이 점점 낮아지기 때문에 취운정 앞마당에서 남쪽을 내려다본 풍경은 바로 앞의 수강재 용마루가 눈높이에 걸린다. 동궐도에서는 취운정 마당에 앙부일구(仰釜日晷, 오목 해시계) 1개가 놓여있는 것이 이채롭다. 낙선재 후원 쪽은 올라가는 계단에서

취운정 화계문에서 본 창경궁

동궐도-취운정 마당 양부일구 [동아대학교 박물관]

부터 모두 출입통제구역으로 설정되어 있어 승화루, 상량정, 한정당의 현판을 일반인이 직접 볼 수는 없다.

小 작을 소　1. 작다 2. 적다 3. 협소하다 좁다 4. 적다고 여기다, 가볍게 여기다 5. 삼가다,
　　　　　　주의하다 6. 어리다, 젊다 7. (시간상으로) 짧다 8. (지위가) 낮다 …
瀛 바다 영　1. 바다 2. 늪 3. 신선이 사는 섬
洲 물가 주　1. 물가(물이 있는 곳의 가장자리) 2. 섬 3. 모래톱 4. 뭍, 대륙(大陸) 5. 땅

소영주

　　낙선재 건물의 뒤쪽으로 돌아 들어가면 넓지 않은 공간에 몇 가지 조경용 석조물이 있는데 그중 글씨가 새겨진 것이 몇 있다. 우선 괴석을 담고 있는 괴석 받침대에 소영주(小瀛洲)라 새겨진 것이 있다. 작은 영주라는 뜻인데 여기서 영주는 중국 전설에 나오는 상상 속의 삼신산(三神山) 중 하나다. 나머지 두 산은 봉래산(蓬萊山)과 방장산(方丈山)이다. 결국, 소영주 괴석은 낙선재가 신선이 사는 세계임을 나타내고자 하는 조경용품이다. 그리고 소영주 괴석을 자세히 보면

운비옥립(雲飛玉立)이라는 글자와 함께 낙관까지 돌에 새겨진 것을 볼 수 있다. 낙관은 일부가 깨져서 판독이 어렵지만 네 글자는 잘 보인다. 운비옥립(雲飛玉立)을 글자대로만 해석하면 '구름이 날고 옥이 서 있다'라는 뜻인데, 당나라의 시인 두보가 흰 매를 노래한 다음의 시구절에서 따온 것이다.

雲飛玉立 盡淸秋 (운비옥립 진청추)
  (흰 매가 날 때는) 구름雲이 나는飛 듯하고
  (앉아 있을 때는) 옥玉이 서立 있는 듯하니
  맑은淸 가을秋이 극치에 달하는도다盡.

소영주에 새겨진 운비옥립과 낙관

소영주 괴석분 옆에는 전서체로 금사연지(琴史硯池)라고 쓰여있는 대형 석조가 있다. 직역하면 '거문고[琴]를 연주하고 역사[史]책을 읽는 벼루[硯]같이 네모난 못[池]'이라는 뜻이다. 그러나 일부에서

琴 거문고 금 1. 거문고 2. 거문고 타는 소리 3. (거문고를) 타다 4. 심다
史 역사 사 1. 사기(史記) 2. 역사, 기록된 문서 3. 사관 4. 문인 5. 문필가, 서화가 6. 화사하다, …
硯 벼루 연 1. 벼루 2. 매끄러운 돌 3. 갈다 4. 문지르다 5. 궁구하다(窮究--: 파고들어 깊게 연구하다) 6. 연구하다 7. 탐구하다 …
池 못 지 1. 못, 연못 2. 해자(垓子) 3. 도랑, 수로 4. 연지(硯池) 5. 물받이 6. 관(棺)의 장식

금사연지

는 이 연못의 정체를 전설의 서왕모가 산다는 신선 세계의 구슬 연못인 요지(瑤池)로 보기도 한다. 그래야 바로 옆의 삼신산인 영주산과 더불어 음양의 조화가 잘 된다는 뜻이다. 그런 취지로 요지 안의 삼신산을 연출한 완벽한 사례는 창경궁 통명전 바로 옆의 돌연못에서 찾아볼 수 있다. 아무튼, 이 모든 것이 낙선재, 더 나아가 창덕궁이 신선 세계임을 나타내고자 하는 조경 장치로 볼 수 있다.

香 향기 **향** 1. 향기 2. 향 3. 향기로움 4. 향료 5. 향기롭다 6. 감미롭다
泉 샘 **천** 1. 샘 2. 지하수 3. 돈 4. 황천(黃泉), 저승 5. 조개(판새류의 연체동물 총칭)의 이름
硏 벼루 **연** 1. 벼루 2. 매끄러운 돌 3. 갈다 4. 문지르다 5. 궁구하다(窮究--: 파고들어 깊게 연구하다) 6. 연구하다 7. 탐구하다 …
池 못 **지** 1. 못, 연못 2. 해자(垓子) 3. 도랑, 수로 4. 연지(硯池) 5. 물받이 6. 관(棺)의 장식

 확대경을 설치한 뒤 그 속의 여러 재미나는 그림을 돌리면서 구경하는 장난감인 요지경(瑤池鏡)이라는 말도 신선 세계의 요지라는 말로부터 생겨난 것이다.
 승화루 마당에도 대형 석조가 있는데 향천연지(香泉硏池)라고 쓰여 있다. 직역하면 향기로운(香) 샘물(泉)과 벼루(硏)같이 네모난 못(池)이라는 뜻이다. 완당전집에 실린 추사 김정희의 시 "샘물 마시고 글 읽으니 글도 향기롭고 샘도 향기롭네"라는 구절을 떠오르게 한다.

  飮泉讀書 書香泉香 (음천독서 서향천향)
   샘물泉 마시고飮 글書 읽으니讀
   글書도 향기롭고香 샘泉도 향기롭네香

창덕궁
부용지(芙蓉池) 일원

부용정 가을풍경

芙	연꽃	부	1. 연꽃 2. 부용(芙蓉: 아욱과의 낙엽 관목)
蓉	연꽃	용	1. 연꽃 2. 부용(芙蓉: 아욱과의 낙엽 관목)
池	못	지	1. 못, 연못 2. 해자(垓子) 3. 도랑, 수로 4. 연지(硯池) 5. 물받이 6. 관(棺)의 장식

부용지

　주합루의 남쪽에는 연꽃(芙蓉)이라는 이름을 가진 사각형의 큰 연못인 부용지(芙蓉池)가 있고, 또한 같은 이름의 아름다운 정자 부용정(芙蓉亭)이 못가에 있다. 부용지는 원래 그곳에 연꽃이 무성하였기 때문에 처음에는 단순히 연지(蓮池)라고 했으나 같은 뜻이면서도 좀 더 예쁜 이름으로 고친 듯하다. 연(蓮)이나 연꽃을 가리키는 용어로는 부용 이외에도 하(荷)라는 글자도 많이 쓰이는데, 경복궁

芙 연꽃 부 1. 연꽃 2. 부용(芙蓉: 아욱과의 낙엽 관목)
蓉 연꽃 용 1. 연꽃 2. 부용(芙蓉: 아욱과의 낙엽 관목)
亭 정자 정 1. 정자 2. 역마을 3. 여인숙, 주막집 4. 초소 5. 한가운데 …

부용정

경회루 연못의 하향정(荷香亭)과 함화당 뒤쪽 석연지 하지(荷池)가 대표적이다. 부용지의 첫 이름이 미적 감각과는 거리가 있는 단순 연지(蓮池)였듯이, 부용정의 원래 이름도 연못[澤] 물[水]가의 집이라는 택수재(澤水齋)였는데 정조가 개명했다고 『궁궐지』에 전한다.

부용지는 천원지방이라는 전통 조경 원리에 따라 만들었기 때문에 네모난 연못 속에 둥근 섬이 하나 있다. 그런데 이 섬으로 유배를 간 사람들이 있다. 정조는 즉위하자마자 학문을 강화하는 취

창덕궁-부용지(芙蓉池) 일원

부용지 안 둥근 섬

지에서 규장각을 설치했고 또한 초계문신(抄啓文臣) 제도라는 획기적인 제도를 도입했다. 초계(抄啓)의 초(抄)는 논문초록 할 때의 그 글자인데 '뽑다'라는 뜻이며, 계(啓)는 임금에게 올리는 글인 계상(啓上)할 때의 그 글자로, '웃어른에게 말씀을 올리다'라는 뜻이다. 결국, 초계문신은 이미 과거를 거친 사람들 가운데서 낮은 직급인 당하관(堂下官) 출신으로 37세 이하의 젊은 인재를 뽑아[抄] 임금에게 올려[啓] 재가를 받은 뒤, 3년 정도 특별 재교육을 시키는 제도였다.

　초계문신으로 선발된 이들은 본래 직무를 면제하고 연구에만 전념하게 하되, 1개월에 2회의 구술고사인 강경(講經)과 1회의 필답고사인 제술(製述)로 성과를 평가하였는데, 세종 때의 독서사가제(讀書賜暇制)와 비슷하다고 할 수 있다. 다만 독서사가제는 매우 유연하게 운용되어 대상자들이 부담 없이 연구에만 몰두할 수 있었으나, 초계문신의 경우에는 정조가 친히 강론에 참여하거나 직접 시험을 보여 채점하기도 할 정도로 매우 강도 높게 관리를 했다. 그러다 보니 이 제도를 통해 많은 인재들이 양성되었고, 이들은 정조의 친위세력이 되었는데 그중 대표적인 인물이 다산 정약용이다. 하지만 너무 철저하게 관리하다 보니, 초계문신들이 스트레스로 매우 힘들어하는 등 부작용도 있었는데, 정조가 불시에 문제를 내었으나 맞히지 못한 자는 부용지 안의 작은 섬에 몇 시간씩 상징적인 유배를 보내기도 할 정도였다.

| 四 | 넉 | 사 | 1. 넉, 넷 2. 네 번 3. 사방(四方) |

| 井 | 우물 | 정 | 1. 우물 2. 우물 난간 3. 정자꼴 4. 저자, 마을 5. 정전(井田) 6. 조리, 법도 7. (왕후의) 무덤 8. 64괘의 하나 9. 별의 이름 10. 반듯하다 |

| 記 | 기록할 | 기 | 1. 기록하다 2. 적다, 쓰다 3. 외우다, 암송하다 4. 기억하다 5. 표지(標識) 6. 경서(經書)의 주해(註解) 7. 문체(文體)의 한 가지 8. 도장(圖章) … |

| 碑 | 비석 | 비 | 1. 비석 2. 돌기둥 3. 석주(石柱) 4. 비문(碑文) 5. 비를 세우다 |

사정기비각

부용지의 서쪽에는 네(四) 개의 샘(井)을 기념(記)하기 위한 비석(碑)이라는 뜻의 사정기비(四井記碑)를 보호하는 비각(碑閣)이 서 있다. 부용지를 처음 만든 사람은 세조였는데 처음 연못을 만들 때는 마땅한 수원지(水源地)가 없었으나 네 명의 왕자를 시켜 4개의 샘을 찾았다고 한다. 이에 기뻐한 세조는 각각의 샘에 여의주라는 뜻의 마니정(摩尼井), 유리처럼 맑다는 뜻의 파려정(玻瓈井)과 유리정(琉璃井), 구슬 같다는 뜻의 옥정(玉井)이라는 이름을 붙였고, 마니정가(摩尼井歌)라는 글까지 지었다. 그러나 임진왜란, 병자호란 등 수차례의 난리를 겪으면서 두 개의 샘은 없어지고 나머지 두 개만 남았는데, 숙종 때 남은 두 샘을 정비하면서 모든 관련 사실들을 정리하고 만든 비석이 바로 사정기비다. 그 이후로 나머지 두 샘도 사라졌으나 2008년 부용지 북서쪽 모서리에서 하나가 발견되었다.

비석의 머리 부분에는 '御製閱武亭房四井記(어제 열무정방 사정기)'라는 제목이 전서체로 쓰여있는데, '열무정[閱武亭]의 방[房]에서 네 샘[四井]의 기록[記]을 임금이 짓다[御製]'라는 뜻이다. 그런데 오른쪽 해서체 제목에는 '방 방(房)' 자가 '곁 방(傍)' 자로 되어 있는데, 이럴 경우 뜻은 '열무정[閱武亭] 옆[傍]에 있는 네 샘[四井]의 기록[記]을 임금이 짓다[御製]'라는 뜻이 된다. 어느 쪽이든 뜻은 통한다. 현재는 열무정이라는 전각이 남아 있지 않지만, 글자 뜻이 '군대[武]를 사열[閱]하다'라는 뜻으로 봐서는 그러한 목적으로 사용된 맞은편의 영화당을 가리키는 것으로 이해된다.

暎 [비칠]	영	1. 비치다, 반사하다 2. 비추다 3. 덮다, 덮어 가리다 5. 햇빛, 햇살 6. 미시(未時) a. 희미하다, 흐릿하다 (앙) b. 밝지 아니하다 (앙)
花 [꽃]	화	1. 꽃 2. 꽃 모양의 물건 3. 꽃이 피는 초목 4. 아름다운 것의 비유 5. 기생 6. 비녀 7. 비용 8. 얽은 자국
堂 [집]	당	<u>1. 집</u>, 사랑채 2. 마루, 대청 3. 근친(近親), 친족(親族) …

영화당

　꽃(花)이 (부용지에) 비치는(暎) 또는 꽃으로 뒤덮인 집이라는 뜻의 영화당은 『광해군일기』에 영화당 짓는 일을 논의하는 내용이 나오고, 또한 『숙종실록』에 중수하는 내용이 나오기 때문에, 광해군 때 처음 지어졌다가 숙종 18년(1692)에 재건된 것임을 알 수 있다.

　그런데 부용지 쪽에서 바라보는 영화당은 정면이 아니라 후면이다. 즉 영화당은 동쪽인 창경궁 쪽을 바라보고 있다. 영화당의 현

영화당-부용지 쪽과 창경궁 쪽의 월대 높이가 다르다

판이 창경궁 쪽에 붙어 있고, 또한 월대도 부용지 쪽은 1단이지만, 창경궁 쪽은 2단으로 되어 있다. 지금은 창덕궁과 창경궁이 담장으로 분리되어 있지만 원래 창덕궁과 창경궁은 후원을 공유하게끔 되어 있었다.

예로부터 영화당 앞쪽은 매우 넓은 마당이어서 춘당대(春塘臺: 한쪽에 춘당지 연못이 있다)라고 불렸다. 조선 시대에는 춘당대에서 시행하였던 비정기 문과와 무과 과거시험이 있었는데 이를 춘당대시(春塘臺試)라 했고 영화당은 과거시험 관리본부 역할을 했다. 소설「춘향전(春香傳)」을 보면 이몽룡이 과거 급제할 때 시험 본 장소가 바로 이곳 춘당대이며, 이때 시험 제목이 '춘당대의 봄 색깔은 예나 지금이나 똑같다.'라는 뜻의 '춘당춘색고금동(春塘春色古今同)'이었다.

정조는 자신의 문집 『홍재전서』에서 창덕궁과 창경궁의 후원에서 아름다운 열 곳을 선정하여 시를 짓고 이를 상림십경(上林十景)이라 불렀는데, 그중에 영화당 앞에서 과거시험을 보는 수많은 선비들을 가리키는 영화시사(暎花試士)가 들어있다. 십경 중 나머지 아홉은 다음과 같다.

관풍춘경[1](觀豊春耕: 관풍각에서의 봄 밭갈이),
망춘문앵[2](望春聞鶯: 망춘정에서의 꾀꼬리 소리 듣기),
천향춘만[3](天香春晚: 천향각에서의 늦봄 즐기기),
어수범주[4](魚水泛舟: 어수당에서의 뱃놀이),
소요유상[5](逍遙流觴: 소요정에서의 유상곡수 놀이),
희우상련[6](喜雨賞蓮: 희우정에서의 연꽃 감상),
청심제월[7](淸心霽月: 청심정에서의 비 갠 뒤의 맑은 달 감상),
관덕풍림[8](觀德楓林: 관덕정에서의 단풍놀이),
능허모설[9](凌虛暮雪: 능허정에서의 저녁 눈 감상).

그러나 창덕궁과 창경궁 후원은 일제강점기에 많은 훼손과 변형이 있어서 상림십경 중 현재 남아 있는 전각은 60%밖에 되지 않는다.

宙 집 주 1. 집, 주거 2. 때, 무한한 시간 3. 하늘 4. 천지 사이 5. 기둥, 동량(棟梁)
合 합할 합 1. 합하다 2. 모으다 3. 맞다 4. 대답하다 5. 만나다 6. 싸우다 7. 적합하다 8. 짝 9. 합(그릇) 10. 홉(양을 되는 단위) 11. 쪽문 12. 협문(夾門)
樓 다락 루 1. 다락 2. 망루(望樓) 3. 집 대마루 4. 층집 5. 점포 6. 동(棟)(단위의 이름)

주합루

　우주〔宙〕와 합쳐진다〔合〕는 뜻의 주합루는 부용지의 북쪽 화계 위에 자리 잡은 2층짜리 누각인데 원래 1층은 왕실도서관의 핵심인 규장각, 2층은 열람실 용도의 주합루라고 하였다. 그러다가 정조 5년(1781)에 대대적으로 궁궐 내 관아들의 자리를 재배치했는데, 이때 1층의 규장각은 돈화문 근처의 궐내각사 지역으로 이전을 했고 2층의 주합루는 건물 전체를 지칭하는 것으로 바뀌었다.

魚 물고기 어 1. 물고기 2. 물속에 사는 동물의 통칭 3. 바다짐승의 이름 4. 어대(魚袋) 5. 말의 이름
水 물 수 6. 별의 이름 7. 나(인칭대명사) 8. 고기잡이하다 9. 물에 빠져 죽다
門 문 문 1. 물 2. 강물 3. 액체, 물과 관련된 일 4. 홍수, 수재, 큰물 5. 수성(水星) 6. 별자리의 이름
1. 문 2. 집안 3. 문벌(門閥) 4. 동문(同門)

어수문과 주합루

주합의 출전은 관포지교(管鮑之交: 관중과 포숙아의 사귐이란 뜻으로, 우정이 아주 돈독한 친구 관계를 이르는 말) 고사로 유명한 춘추시대 제(齊)나라 재상 관중(管仲)이 패도정치를 역설한 책인 『관자(管子)』「주합(宙合)」편이다.

宙合之意 上通於天之上 (주합지의 상통어천지상)

창덕궁-부용지(芙蓉池) 일원 185

주합의宙合之 뜻意은, 위로는上 하늘 위天之上까지於 통하고通 下泉於地之下 外出於四海之外 (하천어지지하 외출어사해지외)

아래로는下 땅 아래地之下까지於 도달하고泉,

밖으로는外 사해四海之 밖外까지於 나간다出.

合絡天地 以為一裹 (합락천지 이위일과)

천지天地를 합치고合 이어서絡 하나의一 꾸러미가裹 됨으로써以為

散之至于無閒 (산지지우무간)

흩어져서도散之 틈이 없는無閒 데까지于 이른다至.

물〔水〕을 만난 물고기〔魚〕라는 뜻의 어수문은 주합루의 남쪽 정문이다. 크고 화려한 중앙의 문으로는 임금이 출입하였고 신하들은 좌·우에 있는 작은 문으로 출입하였다. 지금은 어수문이 주합루의 정문으로 인식되고 있지만 원래 주합루의 뒤쪽 애련지 근처에 어수당(魚水堂)이라는 전각이 있었으므로 어수당을 세울 때 같이 만든 것으로 보인다. 어쩌면 어수당의 정문으로 있던 것을 후대에 지금의 자리로 이전했을 가능성도 있다. 어수당은 앞서 언급한 상림십경(上林十景) 중 어수범주(魚水泛舟: 어수당에서의 뱃놀이)에 나왔던 바로 그 전각을 뜻한다.

어수(魚水)는 거꾸로 써서 수어(水魚) 또는 수어지교(水魚之交)라고도 하는데 '임금과 신하가 물과 물고기처럼 서로 긴밀히 의기투합하다'라는 뜻으로 원전은 『삼국지』「촉서5·제갈량전(蜀書五·諸葛亮傳)」이다.

於是與亮 情好日密 (어시여량 정호일밀)

　이是로부터於 (유비가) 제갈량과亮 더불어與

　좋아하는好 정서情가 나날이日 긴밀해지자密

關羽 張飛等 不悅 (관우 장비등 불열)

　관우關羽 장비張飛 무리는等 (이를 못마땅하게 여겨)

　기쁘지悅 않았다不.

先主解之 曰 (선주해지 왈)

　이에 선대先의 군주主(유비)는 그것을之 알아차리고解 말하기를曰

孤之有孔明 猶魚之有水也 (과지유공명 유어지유수야)

　"과인에게孤之 공명孔明이 있는有 것은

　물고기에게魚之 물水이 있는有 것과 같은猶 것이다也.

願諸君勿復言 羽飛乃止 (원제군물부언 우비내지)

　바라건대願 제군諸君들은 다시는復 말言을 말라勿."

　관우羽와 장비飛는 이에乃 (불만을) 그쳤다止.

　주합루에 연관된 고사가 변치 않는 친구 사이의 우정을 가리키는 관포지교(管鮑之交)이고 어수문에 얽힌 고사도 잠시도 떨어져 살 수 없는 친밀한 사이를 가리키는 수어지교(水魚之交)인 것은 주합루와 어수문을 작명한 사람의 일관된 의도가 어느 정도는 반영된 것으로 풀이될 수도 있다.

書 글 서 1. 글, 글씨 2. 글자 3. 문장 4. 기록 5. 서류 6. 편지 7. 장부 8. 쓰다
香 향기 향 1. 향기 2. 향 3. 향기로움 4. 향료 5. 향기롭다 6. 감미롭다
閣 집 각 1. 집 2. 문설주 3. 마을 4. 관서 5. 궁전 6. 내각(內閣) 7. 다락집 …

서향각

　책[書] 향기[香]를 뜻하는 서향각은 주합루의 서쪽에 위치하면서 동쪽을 바라보고 있다. 왕실도서관인 규장각, 주합루 또는 봉모당 등에 봉안된 국왕과 관련된 각종 모훈(謨訓) 자료를 대상으로 주기적으로 바람을 쐬고 볕에 말리는 작업인 포쇄(曝曬)와 먼지떨이 작업을 하던 곳이다. 책에서 나는 고유의 냄새를 책 향기라고 표현한 점이 재미있다.

親	친할	친	1. 친하다 2. 가깝다 3. 사랑하다 4. 가까이하다 5. 사이 좋다 6. 손에 익다 7. 숙달되다 8. 어버이 9. 친척 10. 혼인 11. 신부, 새색시 12. 몸소, 친히
蠶	누에	잠	1. 누에 2. 양잠(養蠶) 3. (누에를) 치다 4. 잠식하다(蠶食--) a. 지렁이 (천)
勸	권할	권	1. 권하다 2. 권장하다 3. 가르치다 4. 힘쓰다 5. 따르다 6. 인도하다 7. 애써 일하다 8. 좋아하다 9. 즐기다 10. 싫어지다 11. 싫증이 나다 12. 권고 13. 권면 …
民	백성	민	1. 백성 2. 사람 3. 직업인 4. 나(자신)

　친히[親] 누에[蠶]를 쳐서 백성들[民]에게 권장한다[勸]는 뜻의 친잠권민은 서향각의 안쪽에 걸려있는 현판이다. 조선 시대에는 국왕이 직접 밭을 가는 친경(親耕)으로 농사일의 모범이 되고자 했던 것처럼, 왕비는 누에를 치는 친잠(親蠶)으로 아녀자들에게 모범이 되고자 양잠소(養蠶所)라는 관청을 설치했는데, 그곳에 걸려있던 현판이 바로 친잠권민이다. 그런데 20세기 들어서면서 일제의 입김으로 뜻하지 않게 서향각이 양잠소의 기능을 하게 되면서 이곳에 친잠권민 현판이 걸리게 되었다.

御	거느릴 어	1. 거느리다, 통솔하다 2. 다스리다, 통치하다 3. 어거하다 4. 거둥하다(擧動) 5. 짐승을 길들이다 6. 교합하다
親	친할 친	1. 친하다 2. 가깝다 3. 사랑하다 4. 가까이하다 5. 사이 좋다 6. 손에 익다 7. 숙달되다 8. 어버이 9. 친척 10. 혼인 11. 신부, 새색시 12. 몸소, 친히
蠶	누에 잠	1. 누에 2. 양잠(養蠶) 3. (누에를) 치다 4. 잠식하다(蠶食--) a. 지렁이 (천)
室	집 실	1. 집, 건물 2. 방, 거실 3. 거처, 사는 곳 4. 아내 5. 가족, 일가 6. 몸, 신체 7. 가재(家財) 8. 구덩이, 무덤 9. 굴(窟) 10. 별의 이름 …

왕족(御)이 친히(親) 누에를(蠶) 치는 방(室)이라는 뜻의 어친잠실도 친잠권민(親蠶勸民) 현판과 같은 기능을 하고 있다. 다만 어친잠실은 일반적인 현판 모양이 아니라 서향각의 앞쪽 오른쪽 기둥에 세로로 걸려있어서 현판이라기보다는 오히려 주련이나 안내판 형식에 가깝다고 볼 수 있다.

동궐도-주합루 부분 [동아대학교 박물관]

喜 기쁠 희 1. 기쁘다 2. 기뻐하다 3. 즐겁다 4. 즐거워하다 5. 좋다 6. 좋아하다 7. 즐기다
8. 사랑하다 9. 기쁨 10. 즐거움 11. 행복(幸福)

雨 비 우 1. 비 2. 많은 모양의 비유 3. 흩어짐의 비유 4. 가르침의 비유 5. 벗의 비유
6. 비가 오다 7. (하늘에서) 떨어지다 8. (물을) 대다 9. 윤택하게 되다

亭 정자 정 1. 정자 2. 역마을 3. 여인숙, 주막집 4. 초소 5. 한가운데 …

희우정

비(雨)를 기뻐한다는 (喜) 뜻의 희우정(喜雨亭)은 서향각 북쪽에 있는 작은 정자로 앞서 살펴보았던 성정각의 희우루(喜雨樓)와 같은 뜻이다. 처음 건립되었을 때는 향기(香)에 취한다는 (醉) 뜻의 취향정(醉香亭)이라는 이름이었고 지붕도 초가지붕이었다. 그런데 숙종 16년(1690) 여름에 심한 가뭄이 들었을 때 이곳에서 기우제를 지냈는데 바로 비가 내려서 숙종이 이를 기뻐한 나머지 지붕을 초가에서 기와로 바꾸고 이름도 희우정으로 고쳤다고 한다. 이곳 희우정에서 내려다보이는 부용지의 연꽃을 감상하는 '희우상련(喜雨賞蓮)'은 상림십경 중의 하나이다.

千 일천 천 1. 일천 2. 밭두둑, 밭두렁 3. 초목이 무성한 모양 4. 아름다운 모양 5. 그네
6. 반드시 7. 기필코 8. 여러 번 9. 수효가 많다

石 돌 석 1. 돌 2. 섬(10말) 3. 돌바늘 4. 돌비석 5. 돌팔매 6. 숫돌 7. 무게의 단위
8. 돌로 만든 악기(樂器) 9. 저울 10. 녹봉(祿俸) …

亭 정자 정 1. 정자 2. 역마을 3. 여인숙, 주막집 4. 초소 5. 한가운데 …

霽 비갤 제 1. 비가 개다 2. 비가 그치다 3. 노여움 풀리다 4. 풀리게 하다

月 달 월 1. 달, 별의 이름 2. 세월, 나달, 광음(光陰: 시간이나 세월을 이르는 말) 3. 달빛
4. 달을 세는 단위 5. 한 달, 1개월 6. 월경(月經), 경수(經水) 7. 다달이, 달마다

光 빛 광 1. 빛, 어둠을 물리치는 빛 2. 세월 3. 기세, 세력, 기운 4. 경치, 풍경 5. 명예, 영예
6. 문화, 문물 7. 문물의 아름다움 8. 빛깔, 번쩍거리는 빛 …

風 바람 풍 1. 바람 2. 가르침 3. 풍속, 습속 4. 경치, 경관 5. 모습 6. 기질 7. 병의 이름, 감기,
중풍 8. 기세 …

觀 볼 관 1. 보다 2. 보이게 하다 3. 보게 하다 4. 나타내다 5. 점치다 6. 모양 7. 용모 8. 생각
9. 누각(樓閣) 10. 황새 11. 괘(卦)의 이름

주합루에서 동북쪽으로 10m도 채 떨어지지 않은 곳에 작은 정자가 있는데 대부분이 제월광풍관으로 알고 있으나 실제 이름은 천석정(千石亭)이다. 이렇게 된 이유는 『동궐도』와 『동궐도형』을 보면 확실히 알 수 있는데, 성정각처럼 본 건물 이름의 현판은 없고 제월광풍관 현판만이 천석정의 누각 남쪽 면에 걸려있기 때문이다. 천석정의 표면적인 뜻은 아주 크고 무거운 정자 또는 천석꾼, 천석지기 부자의 정자라는 뜻인데 진짜 숨은 뜻을 알기는 쉽지 않다.

한편, 누각에 걸린 제월광풍관은 비가 갠〔霽〕 밤의 밝고 맑고 시원한 달빛〔月光〕과 바람〔風〕의 누각〔觀〕이라는 뜻인데 여기서 제월광풍은

천석정

앞뒤 순서를 바꾼 광풍제월(光風霽月)이라는 이름으로도 널리 쓰이는 유명한 글귀다. 제월광풍 또는 광풍제월은 북송(北宋) 때의 문인 '황정견'이 태극도설(太極圖說)과 애련설(愛蓮說)로 유명한 성리학자 염계(濂溪) 주돈이(周敦頤) 선생을 존경하여 「염계시서(濂溪詩序)」에서 "용릉 땅의 주무숙(주돈이의 자)은 인품이 몹시 높고 가슴 속이 시원하고 깨끗하여 광풍제월과 같다."라고 한 데서 유래되었는데 사람의 훌륭한 인품을 나타낼 때 쓰이기도 하지만, 세상이 잘 다스려진 상태를 말하기도 한다.

春陵周茂叔 人品甚高 (용릉주무숙 인품심고)
　　용릉春陵 땅의 주무숙周茂叔(주돈이의 자)은
　　인품人品이 몹시甚 높고高
胸懷灑落 如光風霽月 (흉회쇄락 여광풍제월)
　　가슴胸 속懷이 시원하고 깨끗하여灑落
　　비가 갠 달밤霽月의 달빛光과 바람風과 같다如.

전남 담양의 소쇄원(瀟灑園)에도 제월당(霽月堂)과 광풍각(光風閣)이라는 전각이 있다.

창덕궁
애련지(愛蓮池) 일원

애련지 가을풍경

愛 사랑 애 1. 사랑, 자애, 인정 2. 사랑하는 대상 3. 물욕, 탐욕 4. 사랑하다 5. 사모하다
6. 가엾게 여기다 7. 그리워하다 8. 소중히 하다 9. 친밀하게 대하다 …

蓮 연꽃 련 1. 연꽃(蓮-) 2. 연(蓮) 3. 연밥(蓮-: 연꽃의 열매)

池 못 지 1. 못, 연못 2. 해자(垓子) 3. 도랑, 수로 4. 연지(硯池) 5. 물받이 6. 관(棺)의 장식

애련지

    부용지에서 북쪽으로 100m 정도만 가면 연꽃〔蓮〕을 사랑하는〔愛〕 못이라는 애련지 일원이 펼쳐진다. 애련지 북쪽 연못가에는 같은 이름의 아름다운 사모지붕〔네모뿔 모양으로 된 지붕〕 정자가 자리 잡고 있다. 『궁궐지』와 숙종이 지은 「애련정기(愛蓮亭記)」에는 숙종이 1692년에 연못 가운데에 섬을 쌓고 정자를 지었으며 정자의 이름을 '애련(愛蓮)'이라 했다고 한다. 그런데 지금은 연못 가운데

愛	사랑 **애**	1. 사랑, 자애, 인정 2. 사랑하는 대상 3. 물욕, 탐욕 4. 사랑하다 5. 사모하다 6. 가엾게 여기다 7. 그리워하다 8. 소중히 하다 9. 친밀하게 대하다 …
蓮	연꽃 **련**	<u>1. 연꽃(蓮-)</u> 2. 연(蓮) 3. 연밥(蓮-: 연꽃의 열매)
亭	정자 **정**	<u>1. 정자</u> 2. 역마을 3. 여인숙, 주막집 4. 초소 5. 한가운데 …

애련정

의 섬은 없어지고 애련정도 연못가에 있으므로 원래의 애련정은 없어지고 후대에 다시 지은 것으로 추정된다.

『동궐도』를 살펴보면 애련지와 애련지 서쪽에 있는 작은 연못 사이에 큰 전각이 하나 있는데 상림십경(上林十景) 중의 하나였던 어수범주(魚水泛舟: 어수당에서의 뱃놀이)의 주인공, 어수당(魚水堂)이다. 좌·우 양쪽에 연못이 있으니 뱃놀이 구경하는 재미도 두 배였을 것이다.

이곳은 연못과 정자의 이름까지 모두 연꽃을 사랑한다고 지었는데, 이는 다분히 애련설(愛蓮說)로 유명한 송나라 때의 성리학자 염계(濂溪) 주돈이(周敦頤)를 염두에 둔 것이며, 숙종 자신도 「애련정기(愛蓮亭記)」에서 군자의 꽃인 연꽃을 사랑하기에 그런 이름을 지었노라고 밝히고 있다. 부용지와 애련지 사이의 가장 높은 곳에 있는 천석정(千石亭)에 붙은 제월광풍관(霽月光風觀) 현판도 주렴계 선생의 훌륭한 인품을 칭송한 말이므로, 성리학의 나라인 조선에서 성리학의 첫 학문적 기반을 닦은 주돈이를 높이고자 한 의도를 충분히 짐작할 수 있을 것 같다.

● 애련설(愛蓮說)

水陸草木之花 (수륙초목지화) 可愛者甚蕃 (가애자심번)

　물이나 땅에서 자라는 풀이나 나무의 꽃은

　정말 사랑스러운 것이 무척 많다.

晉陶淵明 獨愛菊 (진도연명 독애국)
自李唐來 世人甚愛牡丹 (자이당래 세인심애모란)

　진나라의 도연명은 홀로 국화를 사랑하였다.

　당나라 이래로 세상 사람들은 모란을 무척 좋아한다.

予獨愛 蓮之出於 (여독애 연지출어)

泥而不染 濯淸漣而不夭 (니이불염 탁청연이불요)

　나는 홀로 연꽃이 진흙 속에서 나왔으면서도 진흙에 물들지 않고,

　맑은 잔물결에 씻기면서도 요염하지 않은 것을 사랑한다.

中通外直 不蔓不枝 (중통외직 불만부지) 香遠益淸 (향원익청)

　줄기 속은 비었고, 겉은 곧으며 덩굴로 자라거나 가지를 치지 않으며,

　향기는 멀수록 더욱 맑고

亭亭淨植 (정정정식) 可遠觀而 不可褻翫焉 (가원관이 불가설완언)

  우뚝이 깨끗하게 서 있어서 멀리서 바라볼 수는 있지만,

  함부로 가지고 놀 수는 없다.

予謂 菊 花之隱逸者也 (여위 국 화지은일자야)

牡丹 花之富貴者也 (모란 화지부귀자야)

  내가 생각하기에 국화는 꽃 중의 은자이고,

  모란은 꽃 중의 부귀한 자이며

<u>蓮 花之君子者也</u> (연 화지군자자야)

  <u>연꽃은 꽃 중의 군자이다.</u>

噫 菊之愛 陶後鮮有聞 (희 국지애 도후선유문)

  아! 국화를 사랑하는 이가 도연명 후에 또 있었다는 것은

  들은 일이 거의 없다.

<u>蓮之愛</u> 同予者 何人 (연지애 동여자 하인)

牡丹之愛 宜乎衆矣 (모란지애 의호중의)

  <u>연꽃을 사랑함을 나와 함께하는 이는 몇이나 될까?</u>

  모란을 사랑하는 이는 의당 많을 것이다.

太 클 태 1. 크다 2. 심하다 3. 통하다 4. 처음, 최초 5. 첫째 6. 콩 7. 심히, 매우
液 진 액 1. 진, 진액(津液) 2. 즙(汁) 3. 겨드랑이 4. 곁, 옆 5. 성(姓)의 하나 …

태액

애련지 연못가에는 돌에 새긴 글자가 있는데 서북쪽 모서리에 전서체로 새긴 큰[太] 액체[液], 즉 큰 물이라는 뜻의 태액(太液)이다. 실록을 찾아보면 태액 또는 태액지(太液池)라는 말이 자주 나오는데 주로 중국의 황제가 있는 곳 인근의 연못을 가리키거나 경복궁의 경회루 연못, 취로정 연못, 심지어 창덕궁의 부용지까지도 태액지로 언급한 것을 보면 큰 연못을 지칭하는 일반적인 표현인 듯하다.

倚 의지할 의 1. 의지하다 2. 기대다 3. 치우치다 4. 기울다 5. 맡기다 6. 믿다 7. 인하다 8. 맞추다 9. 곁

斗 말 두 1. 말(용량의 단위) 2. 구기 3. 조두 4. 기둥 위에 꾸민 구조 5. 별의 이름 6. 홀연히 7. 갑자기 8. 깎아지른 듯이 서 있다 9. 떨다 10. 툭 튀어나오다 11. 털다 …

閤 쪽문 합 1. 쪽문(-門) 2. 협문(夾門: 대문이나 정문 옆에 있는 작은 문) 3. 마을 4. 대궐(大闕)

의두합과 운경거

 애련지의 남쪽에는 단청을 하지 않은 조촐한 건물 2채가 북향을 한 채로 자리 잡고 있는데, 큰 것은 기오헌(寄傲軒)이고 작은 것은 운경거(韻磬居)이다. 관련 기록에 따르면 수많은 책을 비치하고 독서하던 독서처인데, 특히 순조의 아들인 효명세자가 주로 사용하던 곳이다. 그런데 『궁궐지』에는 기오헌이 의두합(倚斗閤)이라고 나오고, 『동궐도』에는 이안재(易安齋)라고 나오며, 『동궐도형』에는 의

창덕궁-애련지(愛蓮池) 일원 201

두합과 기오헌이 모두 나오는데 남쪽 면에는 기오헌, 북쪽 면에는 의두합이라 되어 있다.

관련 자료들을 종합적으로 참고하여 이런 복잡한 상황을 정리해 보면, 원래 처음 이 자리에는 '이안재'라는 독서처가 있었다. 그러다가 동궐도가 그려진 순조 27~30년까지는 '의두합'으로 고쳐 지어졌는데 화원의 실수로 인해 동궐도에는 옛 이름이 그대로 남은 것 같다. 한편 의두합으로 이름이 바뀌었으나 건물의 뒷면(남쪽)에는 기오헌이라는 별도의 편액이 붙었는데, 어느 시점인지 알 수는 없으나 건물 정면의 의두합 현판은 사라지고, 뒷면에 있던 기오헌 현판이 건물 정면으로 옮겨온 것 같다. 그럼 이 세 가지 명칭의 뜻을 하나씩 살펴보자.

먼저, 의두합의 표면적인 뜻은 북두칠성(斗)에 의지(倚)한다는 뜻이다. 이는 아마도 효명세자가 할아버지이자 자신의 롤모델인 정조를 밤하늘에서 이정표 역할을 하는 북두칠성에 비유하고, 그에 의지하고 본받고자 한 것이 아닐까 생각된다. 실제로 집의 방향도 보기 드물게 북향이다.

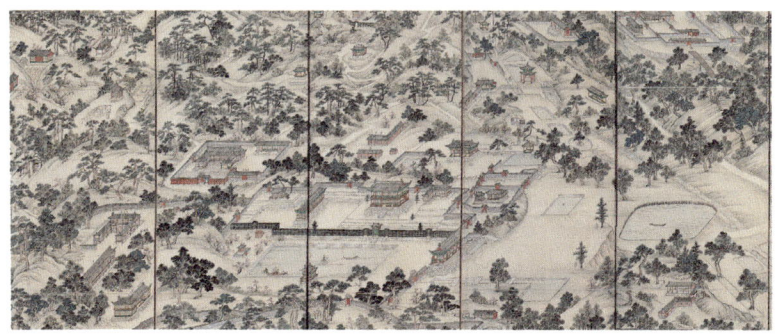

동궐도-후원 부분 [동아대학교 박물관]

寄 부칠 기 1. 부치다, 보내다 2. 이르다, 도달하다 3. 맡기다, 위임하다 4. 기대다, 의지하다
5. 붙여 살다, 임시로 얹혀살다 6. 빌리다 7. 위임, 부탁 …

傲 거만할 오 1. 거만하다 2. 오만하다 3. 교만하다 4. 날뛰다 5. 업신여기다 6. 멸시하다
7. 나가서 놀다

軒 집 헌 1. 집 2. 추녀, 처마 3. 수레, 초헌(軒) 4. 난간 5. 창(窓), 들창 6. 행랑 …

기오헌

 한편, 기오헌과 이안재는 같은 마음 상태를 나타내는 표현이다. 왜냐하면, 두 이름은 모두 도연명의 시 「귀거래사(歸去來辭)」에서 뽑아낸 것이기 때문이다. 「귀거래사」는 「도화원기(桃花源記: 무릉도원(武陵桃源)이란 말의 출처)」와 더불어 도연명의 가장 대표적인 작품 중의 하나인데 그 내용을 살펴보면, 도연명이 관리 생활을 하고 있을 때 상급기관의 관리들에게 굽신거려야 하는 부조리한 현실에 울분을

의두합과 운경거

참지 못하고 관직을 과감하게 던져버리고 난 뒤에, 고향인 시골로 돌아오는 심경을 노래한 시다. 그중에서 기오와 이안이 들어간 구절은 다음과 같다.

倚南窓以寄傲 (의남창이기오)
　남쪽 창가南窓에 기대어倚以
　　오만함(호방함)傲에 기탁(의지)해보니寄.
審容膝之易安 (심용슬지이안)
　무릎 하나膝之 들일容 만한 작은 집이지만
　　편안함을易安 알겠노라審.

결국, 집은 비록 작아도 내 마음대로 할 수 있으니 거침없이 오만함(호방함)[傲]에 기탁(의지)[寄]할 수 있어서 기오헌(寄傲軒)이라 했고, 또한 마음이 쉽게[易] 편안[安]해지므로 이안재(易安齋)라 했던 것이다.

超 뛰어넘을	초	1. 뛰어넘다 2. 뛰다, 뛰어오르다 3. 뛰어나다, 빼어나다 4. 빠르다, 신속하다 5. 멀리 떨어지다 6. 멀다 7. 서글퍼하다, 근심스러워하다 8. 지나가다 9. 승진되다, 발탁되다 …
然 그럴	연	1. 그러하다, 틀림이 없다 2. 그러하게 하다 3. 명백하다, 분명하다 4. 그러하다고 하다 5. ~이다 6. 듯하다 7. 허락하다, 동의하다 8. 불타다, 불태우다 9. 밝다 …
臺 대	대	1. 대(높고 평평한 건축물) 2. 돈대(墩臺) 3. 무대(舞臺) 4. 받침대 5. 탁자 6. 마을 7. 성문(城門) 8. 방송국 9. 능 10. 어른 11. 남의 존칭 12. 횟수

秋 가을	추	1. 가을 2. 때, 시기 3. 세월 4. 해, 1년
聲 소리	성	1. 소리 2. 풍류 3. 노래 4. 이름 5. 명예 6. 사성 7. 소리를 내다 8. 말하다 9. 선언하다 10. 펴다 11. 밝히다
臺 대	대	1. 대(높고 평평한 건축물) 2. 돈대(墩臺) 3. 무대(舞臺) 4. 받침대 5. 탁자 6. 마을 7. 성문(城門) 8. 방송국 9. 능 10. 어른 11. 남의 존칭 12. 횟수

초연대와 추성대

　기오헌 서쪽에는 현판이 없는 작은 건물이 있는데 운경거(韻磬居)다. 『궁궐지』에는 운림거(韻硩居)로 나온다. 운경거의 운(韻)은 음운, 운율이라는 뜻인데 시를 뜻하는 말이고, 경(磬)은 경쇠라는 뜻인데, 악기를 뜻한다. 따라서 운경거는 독서처인 기오헌 옆에 있으

창덕궁-애련지(愛蓮池) 일원 205

면서 시와 음악으로 휴식을 취하라는 뜻을 담고 있다.

기오헌 뒤쪽의 축대에는 사각형 돌에 새긴 글이 두 개가 있다. 하나는 현실 속에서 벗어나 그 현실에 아랑곳하지 않고 의젓함, 초연〔超然〕함을 나타내는 초연대(超然臺)이고, 다른 하나는 가을〔秋〕에 들을 수 있는 자연의 소리〔聲〕라는 뜻의 추성대(秋聲臺)이다.

이 두 글이 독서처인 기오헌 뒤에 있다는 것은 기오헌과 관련이 있다는 것을 뜻한다. 먼저 초연대는 글공부를 할 때 다른 복잡한 현실에 매이지 말고 초연하게 글공부에 전념하라는 뜻으로 읽힐 수 있다. 또한, 추성대는 단순한 가을 소리를 뜻하는 것이 아니라 글공부를 하되 아주 부지런히 하라는 뜻으로 읽힐 수 있는데 주자의 『주문공문집(朱文公文集)』 권학문(勸學文)의 유명 시구절 속에 추성(秋聲)이 나오기 때문이다.

少年易老 學難成 (소년이로 학난성)
　소년少年은 늙기 쉽고易老 학문學은 이루기 어려우니難成
一寸光陰 不可輕 (일촌광음 불가경)
　아주 짧은 촌각의 시간一寸光陰이라도 가볍게輕 여기지 마라不可.
未覺池塘 春草夢 (미각지당 춘초몽)
　연못가池塘의 봄풀春草은 채 꿈夢을 깨기도 전에未覺
階前梧葉 已秋聲 (개전오엽 이추성)
　계단 앞階前의 오동나무 잎梧葉은 벌써已 가을 소리秋聲를 내고 있다.

金 쇠   금 1. 성(姓)의 하나(김) a. 쇠 b. 금 c. 돈, 화폐 d. 금나라(숲--) e. 누른빛 f. 귀하다
馬 말   마 1. 말 2. 벼슬의 이름 3. 산가지 4. 큰 것의 비유 5. 아지랑이 6. 나라 이름 7. 크다
門 문   문 1. 문 2. 집안 3. 문벌(門閥) 4. 동문(同門)

금마문

 쇠(金)로 만든 말(馬)이라는 뜻의 금마문(金馬門)은 기오헌의 정문이다. 현판 내용을 직역만으로 전혀 뜻을 이해하지 못한다는 것은 곧 숨은 고사가 있음을 암시한다. 고사성어 중에 금마옥당(金馬玉堂)이 있다. 이는 금마문(金馬門)과 옥당전(玉堂殿)을 함께 가리키는 말로서 중국 한나라 때 선비들이 벼슬로 나가던 관서를 뜻했다. 특히 금마문은 한 무제가 중앙아시아 지역에 있던 작은 나라로부터 천하의 명마를 얻은 기쁨을 기리기 위해 문 옆에 말의 동상을 세우고

不 아닐 불 1. 아니다 2. 아니하다 3. 못하다 4. 없다 5. 말라 6. 아니하냐 7. 이르지 아니하다
　　　　　　8. 크다 9. 불통(不通) a. 아니다 (불) b. 아니하다 (불) c. 못하다 (불) d. 없다 (불) …
老 늙을 로 1. 늙다 2. 익숙하다, 노련하다 3. 숙달하다 4. 대접하다 5. (노인을) 공경하다, 양로
　　　　　　하다 6. 오래 되다 7. (늙어) 벼슬을 그만두다 8. 생애를 마치다 …
門 문 문 1. 문 2. 집안 3. 문벌(門閥) 4. 동문(同門)

불로문

금마문이라 불렀고, 이 문에 여러 학자들을 배치시켜 황제의 조칙을 기다리게 했다. 이로부터 금마문은 학술과 문장에 뛰어난 인물들이 모이는 곳을 상징적으로 일컫는 말이 되기도 했는데 독서처인 기오헌의 정문을 금마문이라 이름 지은 것도 그런 학문적인 뛰어남을 소망한 것으로 해석될 수 있다.

늙지〔老〕 않는다〔不〕는 뜻의 불로문은 금마문에 이어진 같은 담장에서 북쪽으로 약 20m쯤 떨어진 곳에 있다. 한 덩어리의 통돌을 얇게 깎아 만든 돌문인데 글씨는 전서체로 쓰여있다. 현재는 돌만 남아 있으나 바깥쪽 문의 양쪽 기둥에는 무엇인가를 고정시키기 위한 흔적이 남아 있는 것으로

永 길	영	1. 길다 2. (시간이) 오래다 3. 길게 하다, 길게 늘이다 4. (시간을) 오래 끌다 5. 깊다 6. 멀다, 요원하다(遙遠·遼遠--) 7. 읊다 8. 깊이 <u>9. 길이, 오래도록, 영원히</u>
春 봄	춘	<u>1. 봄</u> 2. 동녘 3. 술 4. 남녀의 정 5. 젊은 나이 6. 정욕(情慾)
門 문	문	<u>1. 문</u> 2. 집안 3. 문벌(門閥) 4. 동문(同門)

영춘문

봐서 목재 문짝이 달려있었던 것으로 추정이 된다. 이 문을 출입하는 사람의 불로장생을 기원하는 뜻을 담고 있는데 궁궐의 주인이 임금이라는 것을 감안하면 곧 임금의 불로장생을 기원하는 것으로 해석할 수 있다. 서울 지하철 3호선 경복궁역에 내리면 경복궁 쪽으로 나가는 출입통로 앞에도 이 불로문의 실물 크기 모형이 있다.

봄(春)이 영원(永)하기를 기원하는 영춘문은 창덕궁과 창경궁 사이를 구분 짓는 담장에 위치하고 있는데 불로문의 길 건너 맞은 편이다. 원래 조선 시대에는 창덕궁과 창경궁을 구분 짓는 담이 없었기 때문에 이 문도 당연히 없었다. 따라서 일제강점기에 담을 새로 만들면서 그때 영춘문도 함께 만들어진 것으로 보이며 창덕궁의 동쪽에 있어서 이름 속에 춘(春) 자를 넣은 듯하다.

창덕궁
연경당(演慶堂) 일원

연경당 가는길

長 길 장　1. 길다 2. 낫다 3. 나아가다 4. 자라다 5. 맏 6. 어른 7. 길이 8. 우두머리 9. 처음 10. 늘 11. 항상(恒常)

樂 즐길 락　1. 즐기다 2. 즐거워하다 3. 즐겁게 하다 4. 즐거움 a. 노래 (악) b. 풍류 (악) c. 아뢰다(말씀드려 알리다) (악) d. 연주하다 (악) e. 좋아하다 (요)

門 문 문　1. 문 2. 집안 3. 문벌(門閥) 4. 동문(同門)

장락문

　연경당은 낙선재(樂善齋)와 마찬가지로 창덕궁 안에 있는 조선 후기 상류주택 양식의 집이며 집 전체를 가리키는 이름이자 동시에 사랑채의 당호(堂號)이다. 특히 주 출입문의 이름이 오래오래[長] 즐거움[樂]을 누린다는 뜻의 장락문으로 낙선재의 정문 이름과 한자까지 똑같다.

　장락문으로 들어서면 다시 행랑채가 앞을 가로막는데 동쪽에는

長 길 장
陽 볕 양
門 문 문

장 1. 길다 2. 낮다 3. 나아가다 4. 자라다 5. 맏 6. 어른 7. 길이 8. 우두머리 9. 처음
10. 늘 11. 항상(恒常)

양 1. 볕, 양지 2. 해, 태양 3. 양, 양기(陽氣) 4. 낮, 한낮 5. 남성 6. 하늘 … 15. 드러내다
16. 밝다 17. 맑다 18. 선명하다(鮮明--) 19. 양각하다(陽刻--) 20. 굳세고 사납다

문 1. 문 2. 집안 3. 문벌(門閥) 4. 동문(同門)

장양문

양기[陽]가 오래[長] 가라는 뜻의 장양문이 남성의 공간인 사랑마당으로 통해 있고, 서쪽에는 인[仁]을 닦는다[修]는 뜻의 수인문이 여성의 공간인 안마당으로 통해 있다. 특히 동쪽의 장양문은 음양 원리상 서열이 더 높기 때문에 건물형식도 솟을대문인 데 비해 서쪽의 수인문은 평대문이다. 대문의 형태가 다른 것을 두고 음양의 원리가 아니라 여성은 말이나 초헌(軺軒: 종2품 이상의 벼슬아치가 타던 외바퀴 수레)을 탈 일이 없으므로 굳이 솟을대문으로 만들지 않았다고 해석하는 사람도

창덕궁-연경당(演慶堂) 일원

修 닦을 수 1. 닦다, 익히다, 연구하다 2. 꾸미다, 엮어 만들다 3. 고치다, 손질하다
4. 다스리다, 정리하다 5. 갖추다, 베풀다 …

仁 어질 인 1. 어질다, 자애롭다, 인자하다 2. 감각이 있다, 민감하다 3. 사랑하다 4. 불쌍히 여기다 5. 어진 이, 현자(賢者) 6. 인, 어진 마음, 박애 7. 자네 8. 씨

門 문 문 1. 문 2. 집안 3. 문벌(門閥) 4. 동문(同門)

수인문

수인문 현판

있다. 수인문 현판 글씨 중 닦을 수(修) 자는 통용자인 포 수(脩)' 자로 썼다.

演 펼 연 1. 펴다, 늘이다 2. 부연하다, 자세히 설명하다 3. <u>넓히다, 넓게 미치다</u> 4. 스며들다
5. 멀리 흐르다 6. (기운이 서로) 통하다 …

慶 경사 경 1. 경사(慶事) 2. 선행(善行) 3. 상, 상으로 내리는 것 4. 복, 다행한 일 5. 하례하다
(賀禮--) <u>6. 경사스럽다, 축하하다</u> 7. 기뻐하다

堂 집 당 <u>1. 집</u>, 사랑채 2. 마루, 대청 3. 근친(近親), 친족(親族) …

연경당

 장양문으로 들어서면 경사〔慶〕스러움이 널리 퍼진다〔演〕는 연경당이 나온다. 연경당을 처음 지은 것은 효명세자가 활약하던 시대인데 종래에는 사대부의 생활을 알기 위해 효명세자가 순조에게 요청하여 세웠다고 알려져 있었지만 최근 각종 사료에서는 효명세자가 순조에게 존호를 올리는 경사를 앞두고 마침 연경당을 낙성하였으므로 그렇게 이름하였다고 전한다.

또한, 동쪽 사랑채와 서쪽 안채 건물은 서로 연결되어 있으나 건물의 중심축이 두 번 꺾여 사랑채가 안채보다 앞쪽에 위치하고 있다. 음양의 서열을 건축에 반영한 것이다. 게다가 사랑채와 안채를 구분하는 내외담도 두 번 꺾여있는데 안마당 쪽이 뒤로 물러나 있는 형태여서 전체적으로 보면 공간구성이 서로 연결된 만(卍)자 형으로 되어 있다.

연경당은 건축의 주된 방향은 정남향이되 북·동·서 삼면이 산으로 둘러 막혀 있어서 풍수상 완벽한 장풍형국을 갖추고 있다. 또한, 북서쪽에서 흘러나온 물이 집 앞을 거쳐 동쪽으로 빠져나가면서 애련지 연못을 형성하기 때문에 득수형국마저도 완벽하여 풍수명당의 조건을 모두 갖춘 곳이다. 또한, 아름다운 산과 숲의 자연환경과 더불어, 연못과 정자가 이루어내는 이상적인 인공 조경 속에 자리 잡은 이 집은 내부적으로는 유교의 내외법(內外法)에 따라 남녀의 공간을 엄격하게 구분하였다.

공간뿐만 아니라 건축적인 측면에서도 사랑채는 지붕 밑의 도리를 둥근 굴도리로 구현한 반면, 안채는 네모난 납도리를 사용하여 천원지방 사상을 반영했고, 사랑채는 동쪽 끝에 밑 부분이 터진 개방형의 누마루를 가진 반면, 안채는 서쪽 끝에 밑 부분이 막힌 폐쇄형의 누다락을 설치하여 경복궁의 건청궁〔장안당의 누마루와 곤녕합의 누다락〕처럼 음양 사상을 충실히 반영하고 있다.

연경당 내외담

연경당 사랑채

연경당 안채

正 바른 정 1. 바르다 2. 정당하다, 바람직하다 3. 올바르다, 정직하다 4. 바로잡다 5. 서로 같다
         6. 다스리다 7. 결정하다 8. 순일하다(純---), 순수하다(純粹--) 9. (자리에) 오르다
秋 가을 추 1. 가을 2. 때, 시기 3. 세월 4. 해, 1년
門 문 문   1. 문 2. 집안 3. 문벌(門閥) 4. 동문(同門)

정추문

　순수한〔正〕 가을〔秋〕이라는 뜻의 정추문은 연경당의 안채와 사랑채를 구분하는 내외담에 난 출입문으로 가을이 한창임을 뜻한다. 문의 위치가 내외담이 서쪽으로 물러난 곳에 있어서 서쪽을 의미하는 가을 추(秋) 자를 문 이름에 넣었는데, 출전은 『주역』 설괘전에서 태(兌)괘를 설명하는 부분으로 첫 대목 태정추야(兌正秋也)의 두 번째, 세 번째 글자에서 정추라는 이름을 뽑아낸 것을 알 수 있다.

佑 도울 우　1. 돕다 2. 도와주다 3. 올리다 4. 진헌하다(進獻--) 5. 도움

申 거듭 신　1. 거듭, 되풀이하여 2. 아홉째 지지(地支) 3. 방위로는 서남서, 동물로는 원숭이 4. 나라의 이름 5. 거듭하다 6. 늘이다, 연장시키다 7. 펴다, 베풀다 …

門 문 문　1. 문 2. 집안 3. 문벌(門閥) 4. 동문(同門)

우신문

창덕궁-연경당(演慶堂) 일원

兌正秋也 萬物之所說也 (태정추야 만물지소열야)

　태兌는 순수한正 가을秋(서쪽)이라也

　만물이萬物之 기뻐說하는 바所이니也

　Dui corresponds (to the west) and to the autumn,

　the season in which all things rejoice.

故曰 說言乎兌 (고왈 열언호태)

　고로故 말하기를曰, 기쁜說 말言은 태兌라고 부른다乎.

　Hence it is said, 'He rejoices in Dui.'

　연경당의 안채와 사랑채를 구분하는 내외담은 건물의 뒤쪽에도 이어지는데, 뒤쪽 담장에 난 출입문은 거듭해서〔申〕 돕는다〔佑〕는 뜻의 우신문이다. 여기서 도울 우(佑)의 용법이 재미있는데, 천우신조(天佑神助)라는 말에서도 알 수 있는 것처럼 우(佑)는 주로 사람이 돕는다는 것이 아니라 하늘이 돕는다는 것을 뜻할 때 쓰인다.

通 통할 통 1. 통하다 2. 내왕하다 3. 알리다 4. 알다 5. 정을 통하다
     6. 통(편지 따위를 세는 단위)
碧 푸를 벽 1. 푸르다 2. 푸른빛 3. 푸른 옥(玉) 4. 푸른 물
門 문 문 1. 문 2. 집안 3. 문벌(門閥) 4. 동문(同門)

통벽문

푸른〔碧〕 곳으로 통한다〔通〕는 뜻의 통벽문은 연경당 안채의 반빗간으로 연결되는 문이다. 반빗간(飯-間)은 집에서 반찬을 만드는 곳으로 찬간(饌間)이라고도 하는데 부엌의 일종이다. 그런데 푸른 곳과 부엌과는 공통점이 전혀 없으므로 통벽문은 부엌의 기능을 담은 것이 아니라 여성의 공간이기에 그냥 아름답고 좋은 이름을 붙인 것이라고 볼 수 있다.

兌 바꿀 태 1. 바꾸다, 교환하다 2. 기쁘다, 기뻐하다 3. 곧다, 굽지 아니하다 4. 통하다, 길을 이루다 5. 모이다 6. 8괘의 하나 7. 서방, 서쪽 8. 구멍 a. 날카롭다 (예)

正 바른 정 1. 바르다 2. 정당하다, 바람직하다 3. 올바르다, 정직하다 4. 바로잡다 5. 서로 같다 6. 다스리다 7. 결정하다 8. 순일하다(純---), 순수하다(純--) 9. (자리에) 오르다

門 문 문 1. 문 2. 집안 3. 문벌(門閥) 4. 동문(同門)

태정문

곧고[兌] 올바르다[正]는 뜻의 태정문은 연경당 안채의 서행각에 난 문이다. 정추문과 마찬가지로 『주역』 설괘전 태(兌)괘가 출전인데, 태정문이 마침 서행각에 있기 때문에 이런 이름이 붙여진 것으로 볼 수 있다. 곧 태정(兌正) = 추(秋) = 서(西)의 공식이 성립한다. 정추문이 태정추야(兌正秋也)의 두 번째, 세 번째 글자에서 이름을 뽑아낸 반면, 태정문은 첫 번째, 두 번째 글자에서 뽑아냈다.

善 착할 선 1. 착하다 2. 좋다 3. 훌륭하다 4. 잘하다 5. 옳게 여기다 6. 아끼다 7. 친하다(親--)
8. 사이좋다 9. 착하고 정당하여 도덕적 기준에 맞는 것

香 향기 향 1. 향기 2. 향 3. 향기로움 4. 향료 5. 향기롭다 6. 감미롭다

齋 집 재 1. 재계하다(齋戒--) 2. 정진하다 3. 공경하다 4. 시주하다 5. 집, 방

선향재

 좋은[善] 향기[香]가 서린 집이라는 뜻의 선향재는 책을 보관하고 읽던 서재(書齋)다. 서재는 책을 보관하는 곳이므로 좋은 향기란 곧 책 향기를 가리킨다. 한편 서재는 책을 벗으로 삼고 인격을 함양하는 선비들의 거처를 가리키기도 하는데 서실(書室), 책실(冊室), 책방(冊房)이라고도 했으며 여기서 남편을 지칭하는 서방(書房)이라는 말도 나왔다. 보통의 경우 서재는 사랑채를 가리키지만, 향교나 서원에서는 스승이

창덕궁-연경당(演慶堂) 일원 223

清 맑을 청 1. 맑다 2. 깨끗하다 3. 탐욕(貪慾)이 없다 4. 빛이 선명하다 5. 사념이 없다
水 물 수 6. 분명하다 7. 한가하다 8. 고요하다 9. 끝장을 내다 10. 거스르다
精 정할 정 1. 물 2. 강물 3. 액체, 물과 관련된 일 4. 홍수, 수재, 큰물 5. 수성(水星)
舍 집 사 6. 별자리의 이름

1. 정하다(精--:매우 곱다) 2. 깨끗하다 3. 정성스럽다 4. 찧다 5. 뛰어나다, 우수하다
6. 가장 좋다, 훌륭하다 7. 총명하다 …

1. 집, 가옥 2. 여관 3. 버리다 4. 포기하다 5. 폐하다 6. 내버려 두다 7. 개의하지 않다
8. 기부하다 9. 희사하다 10. 바치다 11. 베풀다 …

청수정사

있는 곳을 서재라 부르기도 하며, 서재로 쓰기 위해서 사랑채와는 별도의 건물을 마련하기도 하는데 선향재가 가장 대표적인 경우다.

맑은(淸) 물(水)이 있는 정신수양처(精舍)라는 뜻의 청수정사는 선향재의 남쪽이자 연경당의 동쪽 행각에 있다. 이름 때문에 오해를 많이 받는 집인데, 특히 정사(精舍)라는 말 때문에 더욱 그렇다. 정사를 작은 사찰을 가리키는 불교용어로만 아는 사람이 많은데, 표준국어대사전을 찾아보면 학문을 가르치기 위하여 마련한 집 또는 정신을 수양하는 곳을 이르는 말이기도 하다.

濃 짙을 농 1. (색이) 짙다 2. 진하고 맛이 좋다 3. 깊다 4. 두텁다 5. 이슬 맺힌 모양
繡 수놓을 수 1. 수놓다 2. 오색을 갖추다 3. 수(繡) 4. 비단 5. 비단 조각
亭 정자 정 1. 정자 2. 역마을 3. 여인숙, 주막집 4. 초소 5. 한가운데 …

농수정

 짙은[濃] 색을 수놓다[繡]라는 뜻의 농수정은 선향재 뒤쪽에 높은 화계(花階)를 쌓아 만든 정원의 가장 구석진 부분에 지은 사모지붕[네모뿔 모양으로 된 지붕]의 아름다운 정자다. 연경당에서 가장 구석의 깊숙한 곳에 자리 잡아 짙은 녹음에 둘러싸여있는 풍경을 표현한 듯하다. 북쪽으로 30m 정도 떨어진 승재정(勝在亭)과 외관이 흡사하다.

창덕궁-연경당(演慶堂) 일원

太 클 태 1. 크다 2. 심하다 3. 통하다 4. 처음, 최초 5. 첫째 6. 콩 7. 심히, 매우
一 한 일 1. 하나, 일 2. 첫째 3. 오로지 4. 온, 전, 모든 5. 하나의, 한결같은 6. 다른, 또 하나의 7. 잠시, 한번 8. 좀, 약간 9. 만일 10. 혹시 11. 어느 12. 같다, 동일하다
門 문 문 1. 문 2. 집안 3. 문벌(門閥) 4. 동문(同門)

태일문

태초(太)에 하나(一)였다는 뜻의 태일문은 연경당의 후문이다. 농수정(濃繡亭)으로 올라가는 돌계단 앞쪽에 있는데 태일문을 나서면 약 50m 앞에 폄우사와 존덕정 일원이 펼쳐진다. 그런데 태일문은 동궐도형에서는 하늘(天)은 하나(一)라는 뜻의 천일문(天一門)으로 표기되어 있다. 태일문이든 천일문이든 연경당의 뒷문에 이런 심오한 뜻의 이름이 왜 붙여졌는지는 의문이다.

韶 풍류이름 소 1. 풍류(風流)의 이름 2. 아름답다, 예쁘다 3. 잇다
陽 볕 양 1. 볕, 양지 2. 해, 태양 3. 양, 양기(陽氣) 4. 낮, 한낮 5. 남성 6. 하늘 … 15. 드러내다
16. 밝다 17. 맑다 18. 선명하다(鮮明--) 19. 양각하다(陽刻--) 20. 굳세고 사납다
門 문 문 1. 문 2. 집안 3. 문벌(門閥) 4. 동문(同門)

紹 이을 소 1. 잇다 2. 돕다 3. 소개하다, 알선하다 4. 받다 5. 노끈 a. 느슨하다 (초)
b. 헐겁다 (초)
休 쉴 휴 1. 쉬다, 휴식하다 2. 사직하다 3. 그만두다, 그치다 4. 멈추다, 중지하다 5. 말다,
금지하다 6. 아름답다, 훌륭하다 7. 기리다, 찬미하다 8. 편안하다 …
門 문 문 1. 문 2. 집안 3. 문벌(門閥) 4. 동문(同門)

　　아름다움〔韶〕을 드러낸다〔陽〕는 뜻의 소양문은 비록 남향을 하고 있지만, 위치상으로는 연경당 사랑채의 동문 역할을 하고 있다. 동쪽의 문이라서 양기를 뜻하는 양(陽) 자를 넣은 듯하다. 비슷한 사례로 경복궁의 덕양문(德陽門)은 흥례문 동행각의 문이고, 경복궁 건청궁 내 초양문(初陽門)은 장안당의 동문이며, 경복궁 집경당의 봉양문(鳳陽門) 역시 동행각의 출입문이다.

　　휴식〔休〕을 이어간다〔紹〕는 뜻의 소휴문은 농수정의 동문이다. 휴식공간에 참 잘 어울리는 이름이다. 그런데 소휴문을 아름다움〔休〕을 이어〔紹〕받는다는 뜻으로 해석하기도 한다. 쉴 휴(休) 자가 아름답다라는 뜻으로 쓰이는 매우 희귀한 사례인데, 아름다운 징조나 길조를 뜻하는 휴징(休徵)이나 휴조(休兆) 등과 같은 드문 용례가 있기는 하다.

창덕궁
존덕정(尊德亭) 일원

관람지 가을풍경

尊 높을 존 1. 높다 2. 높이다 3. 공경하다 4. 우러러보다 5. 중히 여기다 6. 소중히 생각하다 7. 따르다, 좇다 8. (어떤 경향으로) 향하다 9. 어른 10. 높은 사람 11. 관리, 벼슬아치 …

德 덕 덕 1. 크다 2. (덕으로) 여기다 3. (덕을) 베풀다 4. 고맙게 생각하다 5. 오르다, 타다 6. 덕(德), 도덕(道德) 7. 은덕(恩德) 8. 복(福), 행복(幸福) …

亭 정자 정 1. 정자 2. 역마을 3. 여인숙, 주막집 4. 초소 5. 한가운데 …

존덕정

덕(德)을 존숭(尊)한다는 뜻의 존덕정은 육각형의 정자로 연경당 후문에서 북동쪽으로 약 80m 지점, 애련지로부터는 북쪽으로 약 150m 지점에 자리 잡고 있다. 존덕정 옆으로는 남북 방향으로 약 100m에 이르는 긴 연못이 있는데 『궁궐지』에서는 반월지(半月池)라 했으나 한때는 반도지(半島池)로 바뀌었다가 지금은 관람정의 이름을 따서 관람지(觀纜池)로 부르고 있다.

존덕정에 걸린 정조의 시

　존덕정은 특이한 모양새 때문에 처음에는 육면정(六面亭)으로 불릴 정도로 건축적으로도 매우 이채로운데 특히 지붕 처마가 2중으로 된 점이 눈길을 끈다. 그럼에도 존덕정은 정작 자신의 이름을 쓴 현판이 없다. 그렇지만 정자 내부의 북쪽 창방에 걸린 현판은 이 존덕정만큼 유명한데, 그 현판 속에서 정조는 스스로를 만(萬) 개의 냇물(川) 위에 떠 있는 밝은 달(明月)에 비유하여 자신의 호를 만천명월주인옹(萬川明月主人翁)이라 불렀다.

　만천명월주인옹 자서(自序: 스스로가 적은 서문)로 시작하는 이 현판 내용은 정조가 조정 대신 수십 명에게 각각 글씨를 쓰게 하고, 현판으로 제작한 뒤 궁중의 각처에 걸었는데, 이는 정조를 상징하는 밝은 달이 모든 냇물(만백성)에 비치는 것에 자신을 비유한 것으로서 정조의 개인 문집인 『홍재전서』에도 기록되어 있다. 이는 대단한 자신감을 표출한 것으로서 부처의 공덕을 상징하는 달(月)이 천 개의 강(千江: =모든 중생)에 도장 찍듯이(印) 똑같이 비친다는 월인천강지곡(月印千江之曲)의 표현에 비견된다고 하겠다. 그러나 이 현판은 당시에 수십 개에 달했을 것으로 추정되지만 현재는 대부분 없어지고 존덕정과 서향각에 걸린 것 두 개만이 전하고 있다.

觀	볼	관	1. 보다 2. 보이게 하다 3. 보게 하다 4. 나타내다 5. 점치다 6. 모양 7. 용모 8. 생각 9. 누각(樓閣) 10. 황새 11. 괘(卦)의 이름
纜	닻줄	람	1. (배를 매는) 닻줄(닻을 매다는 줄)
亭	정자	정	1. 정자 2. 역마을 3. 여인숙, 주막집 4. 초소 5. 한가운데 …

관람정

닻줄[纜]을 바라본다[觀]는 뜻의 관람정은 관람지(觀纜池) 연못가에 있는 부채꼴 모양의 특이한 정자인데, 그 모습 때문에 『궁궐지』에는 부채라는 뜻의 선자정(扇子亭)으로 기록하고 있다. 정자의 생김새도 특이하지만, 현판의 모습도 파격적인 파초잎 모양이다. 신선들이 사용하는 부채를 파초선(芭蕉扇)이라고 했는데 현판의 모양과 정자의 모양으로 미루어보아 신선 세계를 나타내기 위한 목적이 아닐까 한다.

또한, 관람정의 이름에서부터 우리는 관람지에 배를 띄워놓고 뱃놀이를 구경했음을 충분히 짐작할 수 있다. 연못의 크기로만 놓고 본다면 앞서 애련지 부분에서 살펴보았던 상림십경(上林十景) 중의 하나였던 어수범주(魚水泛舟: 어수당에서의 뱃놀이)의 주인공, 어수당(魚水堂)에 필적할 만한 곳이었으리라 생각된다.

관람정과 관람지

勝 이길 승　1. 이기다 2. 뛰어나다 3. 훌륭하다 4. 경치가 좋다 5. 낫다 6. 승리를 거두어 멸망시키다 7. 넘치다 8. 지나치다 9. 견디다 10. 바르다 11. 곧다 12. 기회를 활용하다 …

在 있을 재　1. 있다, 존재하다 2. 찾다 3. 보다, 살피다 4. (안부를) 묻다 5. 제멋대로 하다 6. 곳, 장소 7. 겨우, 가까스로 8. ~에, 처소

亭 정자 정　1. 정자 2. 역마을 3. 여인숙, 주막집 4. 초소 5. 한가운데 …

승재정

위: 승재정, 아래: 농수정

 빼어난 경치인 명승[勝]이 있는[在] 정자라는 뜻의 승재정은 연경당 뒤편에 있는 농수정과 거의 쌍둥이처럼 닮았는데 실제 거리도 직선 으로 약 30m 정도로 매우 가깝다. 농수정과의 차이점이라면 농수정 은 기둥이 사각이고[1] 올라가는 계단이 정자의 남쪽과 서쪽에 90도 각

창덕궁-존덕정(尊德亭) 일원 235

砭 돌침 폄 1. 돌침(-鍼: 돌을 가지고 놓는 침) 2. 경계(警戒) 3. 침을 놓다

愚 어리석을 우 1. 어리석다 2. 우직하다 3. 고지식하다 4. 어리석게 하다 5. 나(자기의 겸칭)
6. 어리석은 사람 7. 어리석은 마음 8. 자기에 관계되는 사물에 붙이는 겸칭

榭 정자 사 1. 정자 2. 사정(射亭) 3. 사당 4. 곳집(庫間)으로 지은 집)

폄우사

도로 설치되어 있으며² 난간이 낮은 데³ 비해, 승재정은 기둥이 원형이고¹ 올라가는 계단이 정자의 앞쪽과 뒤쪽에 180도 각도로 설치되어 있으며² 난간이 상대적으로 조금 더 높다는³ 정도이다. 또한, 농수정은 담장으로 둘러싸인 구석진 곳에 있어 정적인 느낌이 강하지만, 승재정은 담장이 없는 확 트인 전망이어서 동적인 개방감이 압권이다.

어리석은[愚] 자에게 돌침[砭]을 놓아 깨우치게 한다는 뜻의 폄우

폄우사 현판

사는 의두합(倚斗閣)과 더불어 효명세자가 자주 들러서 독서하던 곳인데 존덕정에서 산 쪽으로 약 20m 정도 떨어진 언덕 위에 있다. 전각의 이름이 사(榭)로 끝나는 탓에 활을 쏘는 정자인 사정(射亭)으로 아는 사람이 많은데 그렇지 않다. 정자 사(榭)는 나무가 많은 높은 터에 지은 건물을 뜻한다.

예전에는 높은 곳 중에서 흙이 쌓인 곳은 대(臺)라고 했고, 나무가 많은 곳은 사(榭)라고 했다. 그러나 시간이 흐르면서 그런 구분은 없어지고 두 글자 모두 누각, 누대처럼 높은 지형을 가리킬 때 쓰이게 되었다. 따라서 정자 사(榭)는 형성(形聲: 한자 육서(六書)의 하나로 두 글자를 합하여 새 글자를 만드는 방법. 한쪽은 뜻을 나타내고 다른 쪽은 음을 나타낸다.)문자이며, 쏠 사(射)는 소리만 제공하고 뜻은 나무 목(木) 부분에서 나온 것임을 알 수 있다.

창덕궁
옥류천(玉流川) 일원

태극정에서 본 풍경

聚 모을 취 1. 모으다, 모이다 2. 거두어들이다 3. 갖추어지다 4. 저축하다, 쌓다 5. 함께 하다 6. 무리(모여서 뭉친 한 동아리) 7. 마을, 동네 8. 저축 9. 줌(한 주먹으로 쥘 만한 분량)

奎 별 규 1. 별, 별자리의 이름, 규성(奎星) 2. 글, 문장(文章) 3. 가랑이

亭 정자 정 1. 정자 2. 역마을 3. 여인숙, 주막집 4. 초소 5. 한가운데 …

취규정

존덕정에서 옥류천 쪽으로 가다 보면 옥류천 진입로 초입에 뭇별들이 규(奎) 별자리 주위로 모여든다는(聚) 뜻의 취규정이 있다. [경복궁 건청궁의 서쪽 담장에도 같은 이름을 가진 취규문(聚奎門)이 있다.] 규성(奎星)은 동양 천문학의 28수 중에서도 서쪽 백호 자리(규1.루2.위3.묘4.필5.자6.삼7: 奎婁胃昴畢觜參)의 첫 번째 별자리이다. 특히 규(奎) 글자의 윗부분 모양이 글월 문(文)과 비슷하므로 문운(文運)을 주관한다고 알려졌다. 또한, 모든 글

중에서도 임금의 글을 가리킬 때도 규(奎)라고 한다. 그래서 역대 국왕의 어제나 어필을 보관하는 곳을 규장각(奎章閣)이라고 한다. 결론적으로 취규정은 임금 주위로 인재들이 모여들어 천하가 태평해짐을 뜻한다.

경복궁-취규문

翠 푸를 취   1. 푸르다 2. 비취색, 청록색 3. 비취(翡翠) 4. 물총새 5. 물총새의 깃
寒 찰 한   1. 차다, 춥다 2. 떨다 3. 오싹하다 4. 어렵다 5. 가난하다, 쓸쓸하다 6. 식히다 7. 얼다
         8. 불에 굽다, 삶다 9. 중지하다, 그만두다 10. 침묵하다, 울지 않다 11. 천하다 …
亭 정자 정 1. 정자 2. 역마을 3. 여인숙, 주막집 4. 초소 5. 한가운데 …

취한정

 취규정으로부터 옥류천 쪽으로 길을 따라 약 100m 정도 내려가면 옥류천 계곡으로 막 들어서는 입구에 푸르면서도[翠] 찬[寒] 기운을 느낀다는 취한정이 있다. 푸른 숲속에 있으면서도 서늘하다는 뜻인데 그 때문인지 옥류천 지역은 궁궐 내 최고의 피서지로 손꼽힌다. 건축적으로는 정면 3칸, 측면 1칸의 팔작집이어서 외관상으로는 앞에서 살펴본 취규정과 언뜻 비슷해 보인다.

하지만 취규정은 도리가 5개인 5량가(五樑架)에 익공을 갖춘 굴도리 집인 반면, 취한정은 도리가 3개인 3량가(三樑架)에 납도리를 쓴 민도리집이어서 건축적인 면에서는 취규정보다 약간 급이 떨어진다. 그러나 단층 기단에 댓돌이 1층뿐인 취규정에 비해 취한정은 이층 기단에 댓돌까지 2층으로 되어 있어 취규정에 비해 그다지 왜소해 보이지는 않는다.

취규정(위)과 취한정(아래)

逍 노닐 소 1. 노닐다 2. 거닐다, 배회하다 3. 편안하고 한가롭다
遙 멀 요 1. 멀다 2. 아득하다 3. 거닐다 4. 떠돌다, 소요하다 5. 흔들거리다 6. 멀리
亭 정자 정 1. 정자 2. 역마을 3. 여인숙, 주막집 4. 초소 5. 한가운데 …

소요정

슬슬 거닐면서(逍) 돌아다님(遙)을 뜻하는 소요정은 소요암이 만드는 옥류천 폭포 옆의 작은 정자다. 이곳 역시 정조의 상림십경(上林十景) 중 소요암에서 물에 술잔을 띄워놓고 마시며 시를 짓는 즐거움을 가리키는 소요유상(逍遙流觴)의 주인공이다. 소요는 『장자(莊子)』 「내편(內篇) 소요유(逍遙遊)」와 「잡편(雜篇) 양왕(讓王)」에서 유래한 말인데, 특히 잡편의 내용이 더 구체적이다.

舜以天下讓善卷　善卷曰 (순이천하양선권 선권왈)

순임금이 (현인) 선권에게 천하를 물려주려고 하자 선권이 말했다.

Shun proposed to resign the throne to Shan Juan, who said,

余立於宇宙之中　冬日衣皮毛　夏日衣葛絺

(여립어우주지중 동일의피모 하일의갈치)

나는 우주의 가운데에 살며 겨울에는 털가죽 옷을,
여름에는 칡베옷을 입습니다.

I am a unit in the midst of space and time.

In winter I wear skins and furs; in summer, grass-cloth and linen;

春耕種　形足以勞動 (춘경종 형족이노동)

봄에는 밭을 갈고 씨를 뿌리는데 몸은 족히 노동할 만하며,

in spring I plough and sow, my strength being equal to the toil;

秋收斂　身足以休息 (추수렴 신족이휴식)

가을에는 수확하고 이 한 몸은 족히 쉴 만합니다.

in autumn I gather in my harvest, and am prepared to cease from labour and eat.

日出而作　日入而息 (일출이작 일입이식)

해가 뜨면 나가서 일하고 해가 지면 들어와 쉽니다.

At sunrise I get up and work; at sunset I rest.

逍遙於天地之間　而心意自得 (소요어천지지간 이심의자득)

이렇게 천지 사이를 천천히 거닐면서 돌아다니다 보면
마음이 스스로 흡족합니다.

So do I enjoy myself between heaven and earth, and my mind is content:

吾何以天下爲哉 悲夫 子之不知余也 (오하이천하위재 비부 자지부지여야)

그런데 제가 어찌 천하를 다스리겠습니까?

슬프게도 임금께서는 저를 잘 모르시는 것 같군요.

why should I have anything to do with the throne? Alas! that you, Sir, do not know me better!'

遂不受 於是去而入深山 莫知其處 (수불수 어시거이입심산 막지기처)

끝내 천하를 받지 않았고 그곳을 떠나 깊은 산속으로 들어갔는데 아무도 그 거처를 알지 못했다.

Thereupon he declined the proffer, and went away, deep among the hills, no man knew where.

요임금과 순임금이 다스리던 요순시대는 전설의 태평성대였다. 게다가 요순은 임금 자리도 자식에게 넘겨주지 않고 세상 사람들이 천거한 현인 허유(許由)와 선권(善卷)에게 넘기려고 했다. 그러나 그들은 요순이 천하를 준다 해도 싫다고 거절하고 사라져버렸다. 그들에게는 매일매일 일상을 소요하는 것이 천하를 다스리는 것보다 더 소중했던 것이다. 소요정은 아마도 국정에 심신이 지친 국왕에게 휴식과 여유를 주는 뜻에서 붙여진 이름이 아닐까 생각된다.

소요정의 맞은편에는 같은 이름의 바위인 소요암이 있는데 구슬(玉)처럼 맑은 냇물이 흐른다(流)는 옥류천 세 글자가 새겨져 있다. 이 옥류천 글자는 인조가 쓴 것이고, 그 위에 새겨진 시는 숙종의 시다.

逍 노닐 소 1. 노닐다 2. 거닐다, 배회하다 3. 편안하고 한가롭다
遙 멀 요 1. 멀다 2. 아득하다 3. 거닐다 4. 떠돌다, 소요하다 5. 흔들거리다 6. 멀리
巖 바위 암 1. 바위 2. 언덕 3. 벼랑 4. 굴 5. 석굴 6. 낭떠러지 7. 가파르다 8. 험하다 9. 높다

玉 구슬 옥 1. 구슬 2. 옥(玉) 3. 아름다운 덕(德) 4. 미칭(美稱), 상대편의 것을 높여 이른 말
　　　　 5. 옥(玉)과 같은 사물의 비유 6. 아름답다 7. 훌륭하다 8. 가꾸다 9. 소중히 하다
流 흐를 류 1. 흐르다 2. 번져 퍼지다 3. 전하다 4. 방랑하다 5. 떠돌다 6. 흐르게 하다 7. 흘리다
　　　　 8. 내치다 9. 거침없다 10. 귀양 보내다 11. 흐름 12. 사회 계층 13. 갈래 14. 분파
川 내 천 1. 내 2. 물귀신 3. 굴, 깊숙하게 팬인 곳 4. 들판, 평원 5. 느릿한 모양 6. 사천성의
　　　　 약칭 7. 계속해서 8. 끊임없이

옥류천과 소요암

창덕궁-옥류천(玉流川) 일원　247

飛流三百尺 (날 비, 흐를 류, 석 삼, 일백 백, 자 척)

　날아서飛 흐르는流 폭포는 삼백 척三百尺인데

遙落九天來 (멀 요, 떨어질 낙, 아홉 구, 하늘 천, 올 래)

　멀리遙 구천九天 하늘에서 내려落 오네來

看是白虹起 (볼 간, 이것 시, 흰 백, 무지개 홍, 일어날 기)

　이걸是 보고看 있노라니 흰白 무지개虹 일어나고起

飜成萬壑雷 (날 번, 이룰 성, 일만 만, 골짜기 학, 우레 뢰)

　골짜기마다萬壑 천둥雷소리 되어成 가득 날아飜다니네

소요암의 평평한 바위 위에는 인공 물길이 만들어져 있는데 이를 유상곡수거(流觴曲水渠)라고 하고, 이 위에서 여는 잔치를 유상곡수연(流觴曲水宴)이라고 한다. 굽이굽이 흘러가는 물 위에 술잔을 띄우고 시를 짓는 잔치를 뜻하는데 경주의 포석정도 유상곡수거의 대표적인 사례다. 곡수거와 곡수연은 중국에서 들어온 문화인데 기록상 전하는 최초의 유상곡수연은 4세기 동진(東晉)의 서예가 왕희지의 「난정서(蘭亭序)」에 기록되어 있다.

경주 포석정

清 맑을 청 1. 맑다 2. 깨끗하다 3. 탐욕(貪慾)이 없다 4. 빛이 선명하다 5. 사념이 없다 6. 분명하다 7. 한가하다 8. 고요하다(조용하고 잠잠하다) 9. 끝장을 내다 10. 거스르다

漪 잔물결 의 1. 잔물결 2. 물결이 일다

亭 정자 정 1. 정자 2. 역마을 3. 여인숙, 주막집 4. 초소 5. 한가운데 …

청의정

　맑고[淸] 잔잔한 물결[漪]이라는 뜻의 청의정은 현재 궁궐 내에서 유일한 초가지붕의 정자다. 청의정이 초가지붕인 이유는 바로 청의정 앞에 있는 논 때문이다. 조선은 농업이 국가 경제의 근간이 되는 나라였다. 따라서 임금이 농업의 중요성을 깨닫고 농민을 이해하기 위해 직접 농사를 체험하려고 만든 것이 청의정 앞의 논이었고 이 논에서 수확한 볏짚으로 청의정의 지붕을 잇게 하였던 것이다. 청의정 이름

속에 잔잔한 물결이라는 뜻이 들어간 것도 아마 수확기에 접어든 벼가 바람에 물결치는 모습을 보고 지은 것이 아닐까 짐작해 본다.

한편, 청의정의 지붕은 재료만 독특한 것이 아니라 모양도 독특한데, 건축적으로 살펴보면 지면은 사각형, 지붕은 원형으로 조성되어 전형적인 천원지방(天圓地方)의 설계를 보여준다. 좀 더 자세하게 설명하자면 네 개의 기둥머리에 올린 창방은 네모꼴을 유지하지만, 그 위로 올라간 도리는 팔각이 되도록 연결을 했다. 그리고 그 위의 서까래도 역시 팔각으로 만든 뒤, 맨 위에서 볏짚으로 둥근 지붕형태가 되게끔 만들었다. 이는 사각에서 원으로 바로 변화되는 것이 아니라 중간단계인 팔각을 한번 거쳐 간 것이다. 이는 경주 불국사의 다보탑에서도 찾아볼 수 있는 비슷한 조형법이다.

숙종은 「상림삼정기(上林三亭記)」를 통해 창덕궁 후원에서 가장 아름다운 정자 셋을 골라 상림삼정(上林三亭)이라 불렀다고 하는데, 소요정과 태극정 그리고 바로 이 청의정이다.

청의정 지붕

太 클 태 1. 크다 2. 심하다 3. 통하다 4. 처음, 최초 5. 첫째 6. 콩 7. 심히, 매우
極 다할 극 1. 극진하다 2. 지극하다 3. 다하다 4. 이르다, 다다르다 5. 이르게 하다, 미치게 하다 … 18. 북극성 19. 정점(頂點), 최고의 자리 20. 제위(帝位) 21. 임금의 자리 …
亭 정자 정 1. 정자 2. 역마을 3. 여인숙, 주막집 4. 초소 5. 한가운데 …

태극정

 상림삼정 중의 하나인 태극정은 청의정에서 동쪽으로 약 10m 지점에 있다. 기본적인 형태는 농산정이나 승재정과 비슷하지만, 내부에는 기둥만 있고 방이 없다는 점이 다르다. 태극은 태초에 카오스(혼돈) 상태의 한 단면을 가리키는 말이다. 『주역』「계사상전」에 따르면 이 태극에서 음과 양, 즉 양의(兩儀)가 나오고, 이어 사상(四象)과 팔괘(八卦)가 나온다.

是故 易有 太極 (시고 역유 태극)

이런是 연고故로, 역易에는 태극太極이 있으며有

Therefore in (the system of) the Yi there is the Grand Terminus,

是生 兩儀 兩儀生 四象 (시생 양의 양의생 사상)

이것是이 양의(兩儀=음양)를 낳고生, 양의兩儀는 사상四象을 낳고生

which produced the two elementary Forms.

Those two Forms produced the Four emblematic Symbols,

四象生 八卦 (사상생 팔괘)

사상四象은 팔괘八卦를 낳는다生

which again produced the eight Trigrams.

태극과 관련해서는 북송시대의 유학자 주돈이(周敦頤)를 빼놓을 수 없다. 왜냐하면, 그는 우주의 생성과 인류의 근원을 논한 249자의 짧은 글인 태극도설(太極圖說)로써 도학(道學), 즉 성리학의 이론적 기초를 마련하였고, 남송의 주희(朱熹)는 그를 도학(道學)의 개조(開祖: 한 종파의 원조가 되는 사람)라고 칭하였기 때문이다. 특히 그의 태극도설 도입부는 우주의 생성에 대해 언급하고 있는데, 이는 성서의 창세기 첫 부분과 아주 흡사하여 많은 사람의 주목을 끈다.

無極而太極 [없을 무, 다할 극, 말 이을 이, 클 태, 다할 극]

무극無極이 곧而 태극太極이다.

[해설] 천지가 개벽 되기 전의 혼돈 상태를 무극이라 하는데 현대에 '카오스 (chaos)'라고 부르는 바로 그것이다. 그런데 그 무극 속에는 어떤 기운 또는 원리가

들어있는데 그것은 우주의 질서를 내포하고 있다. 그것이 바로 태극이다. 따라서 무극과 태극은 안과 밖처럼 같은 존재를 다른 관점에서 부르는 이름이라고 볼 수 있다.

〔성서〕'태초에 하나님이 천지를 창조하실 때 땅은 형태가 없고 텅 비어 있었으며, 어둠이 깊음 위를 덮고 있었고…'

1 *In the beginning God created the heavens and the earth.*

2 *Now the earth was formless and empty, darkness was over the surface of the deep, and the Spirit of God was hovering over the waters. (New International Version)*

太極動而生陽 〔클 태, 다할 극, 움직일 동, 말 이을 이, 날 생, 볕 양〕

 그 태극太極이 움직여서動 곧이어而 양陽을 낳게生 된다.

〔해설〕태극이 움직여 곧 양(陽)을 낳았으니 양은 곧 볕, 밝음, 해를 뜻한다.

〔성서〕'하나님이 "빛이 있으라" 하매 빛이 생겼다.'

3 *And God said, "Let there be light," and there was light. (New International Version)*

動極而靜 〔움직일 동, 다할 극, 말 이을 이, 고요할 정〕

 (양의) 움직임動이 극極한에 다다르면 곧이어而 고요하게靜 되며

靜而生陰 〔고요할 정, 말 이을 이, 날 생, 그늘 음〕

 고요함靜은 곧이어而 음陰을 낳게生 된다.

靜極復動 〔고요할 정, 다할 극, 다시 부, 움직일 동〕

 고요함靜이 극極한에 다다르면 다시復 움직이게動 된다.

 (.. 이하 생략..)

籠 대바구니 농 1. 대바구니 2. 대그릇 3. 새장 4. 채롱(綵籠) 5. 전통(箭筒: 대로 만든 화살을 넣는 통)
6. 싸다 7. 싸이다 8. 싸서 넣다 …

山 메 산 1. 메(산(山)을 예스럽게 이르는 말), 뫼 2. 산신(山神) 3. 무덤, 분묘 4. 절, 사찰
5. 임금의 상(象) 6. (산처럼) 움직이지 아니하다

亭 정자 정 1. 정자 2. 역마을 3. 여인숙, 주막집 4. 초소 5. 한가운데 …

농산정

산(山)으로 둘러싸여(籠) 있다는 뜻의 농산정은 태극정에서 동쪽으로 약 25m 정도 떨어져 있다. 정자라는 이름에 걸맞지 않게 정면 5칸 측면 1칸 규모의 한 일(一) 자형 살림집 형태를 취하고 있는데, 현판은 달려있지 않다. 마루와 방이 각각 2칸씩이며 특히 건물의 끝 1칸이 부엌이기 때문에 임금이 옥류천으로 거둥했을 때 간단한 다과상 등을 올렸을 장소로 추정된다. 실제로 정조실록에 따르면 혜경궁 홍

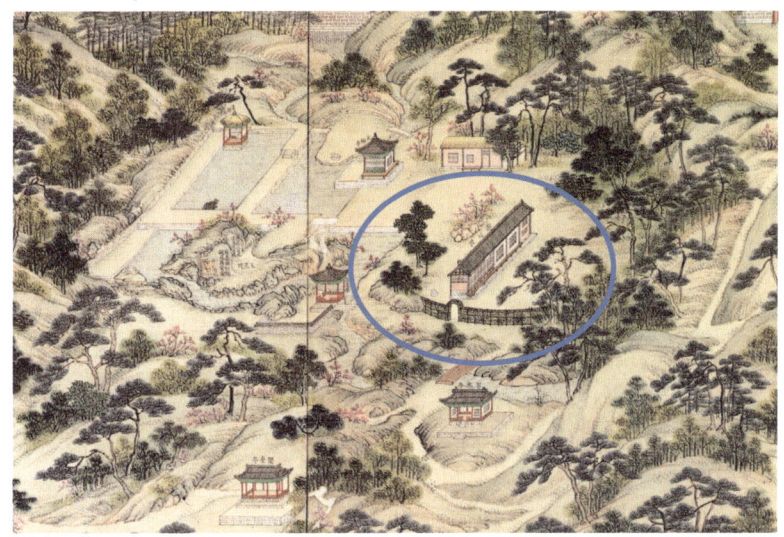

동궐도-농산정 앞 취병 [동아대학교 박물관]

씨의 회갑연을 위한 을묘년(1795) 화성 행차 예행연습에서 혜경궁의 가마를 메는 연습을 몇 차례 실시한 뒤 이에 참가한 사람들을 농산정에 불러 음식을 베푼 사실이 기록되어 있다. 난방이 가능한 농산정으로 인해 옥류천 지역은 추운 겨울에도 얼마든지 활용이 가능했다.

　동궐도에는 농산정 앞쪽으로 생울타리 담장인 취병(翠屛)이 설치된 것이 보이는데 현재 농산정에는 취병이 없으며, 부용지에서 주합루로 올라가는 화계의 어수문 좌·우에만 유일하게 설치되어 있다.

清	맑을	청	1. 맑다 2. 깨끗하다 3. 탐욕(貪慾)이 없다 4. 빛이 선명하다 5. 사념이 없다 … 7. 한가하다(閑暇--) 8. 고요하다(조용하고 잠잠하다) 9. 끝장을 내다 10. 거스르다
心	마음	심	1. 마음, 뜻, 의지 2. 생각 3. 염통, 심장 4. 가슴 5. 근본, 본성 6. 가운데, 중앙, 중심 7. 도(道)의 본원(本源) 8. 꽃술, 꽃수염 9. 별자리의 이름
亭	정자	정	1. 정자 2. 역마을 3. 여인숙, 주막집 4. 초소 5. 한가운데 …

청심정

존덕정과 취규정의 산속 중간 지점에는 일반 관람로에서 약간 벗어난 곳에 현판이 붙어있지 않은 작은 정자가 하나 있는데, 마음을 〔心〕 맑게〔淸〕 한다는 뜻의 청심정이다. 경복궁 강녕전의 남쪽 행각 속에도 같은 이름의 청심당(淸心堂)이 있다. 일반인에게는 개방되지 않는 구역이기도 하고, 또한 관람로에서도 다소 떨어진 탓에 이곳을 아는 사람은 매우 드물지만, 정조가 언급한 상림십경(上林十景) 중 청

氷 얼음 빙 1. 얼음, 고체 2. 기름 3. 지방 4. 전동(箭桐) 뚜껑 5. 식히다, 서늘하게 하다 6. 얼다
7. 깨끗하다, 투명하다 a. 엉기다 (응) b. 얼어붙다 (응)

玉 구슬 옥 1. 구슬 2. 옥(玉) 3. 아름다운 덕(德) 4. 미칭(美稱), 상대편의 것을 높여 이른 말
5. 옥(玉)과 같은 사물의 비유 6. 아름답다 7. 훌륭하다 8. 가꾸다 9. 소중히 하다

池 못 지 1. 못, 연못 2. 해자(垓子) 3. 도랑, 수로 4. 연지(硯池) 5. 물받이 6. 관(棺)의 장식

빙옥지

심정에서 비 갠 뒤의 맑은 달을 감상한다는 청심제월(淸心霽月)이 있을 정도로 풍광이 좋은 곳이다.

청심정 바로 앞에는 작은 인공 돌연못이 있고, 가장자리에는 돌연못을 바라보는 돌거북이 있는데 놀랍게도 이 돌연못과 돌거북은 동궐도에도 나온다. 심지어 동궐도 돌연못 속에는 괴석도 하나 보이지만 지금은 사라지고 없다. 그런데 거북의 등에는 작은 글씨로

빙옥지의 거북

임금의 글을 뜻하는 어필(御筆)이 새겨져 있고 그 아래로는 맑고 깨끗하다는 뜻으로 얼음(氷)과 구슬(玉) 같은 못이라는 뜻의 빙옥지(氷玉池)가 새겨져 있다. 숙종 14년(1688)에 천수정(淺愁亭) 터에 청심정(淸心亭)을 짓고 그 앞의 바위를 파서 조그마한 돌연못을 만들었다는 기록이 있어서 숙종의 글씨임을 알 수 있다.

허공(虛)을 능가(凌)한다는 뜻의 능허정은 지리적으로 높은 곳에 있어서 공중으로 높이 솟았다는 뜻으로 해석되지만, 무념무상과 공허함(虛)까지도 능가(凌)한다는 뜻으로 해석한다면 정신세계가 신선의 세계까지 도달함을 나타내는 중의적 표현으로 볼 수도 있다. 청심정에서 서쪽으로 약 200m 정도 떨어진 가장 높은 언덕에 있는 1칸짜리 작은 정자다. 이곳 역시 정조의 상림십경(上林十景) 중 능허정에서 해 질 녘의 눈 내리는 광경을 꼽은 능허모설(凌虛暮雪)이

凌 업신여길 **능** 1. 업신여기다(=陵) 2. 능가하다 3. 심하다 4. 범하다(犯--) 5. 얼음 6. 얼음 곳간(庫間: 물건을 간직하여 두는 곳) 7. 떨다 8. 건너다

虛 빌 **허** 1. 비다, 없다 2. 비워 두다 3. 헛되다 4. 공허하다 5. 약하다 6. 앓다 7. 살다, 거주하다 8. 구멍 9. 틈, 빈틈 10. 공허, 무념무상 11. 마음 12. 하늘 13. 폐허 …

亭 정자 **정** 1. 정자 2. 역마을 3. 여인숙, 주막집 4. 초소 5. 한가운데 …

동궐도-능허정 부분 [동아대학교 박물관]

있을 정도로 풍광이 좋은데, 특히 고도가 높기 때문에 서울이 한눈에 들어오지만, 평소 일반인에게는 개방되지 않는 구역이기에 아쉬움이 크다.

창덕궁
신선원전(新璿源殿) 일원

창덕궁 겨울전경

新	새	신	1. 새, 새로운 2. 새로, 새롭게, 새롭게 다시 3. 처음, 처음으로 4. 새로움, 새것, 새로운 일 5. 새해, 신년 6. 새롭게 안 사람 7. 새로 개간한 땅 8. 나라의 이름
璿	구슬	선	1. 구슬 2. 옥(玉) 3. 선기(천문 관측 기기, 혼천의)
源	근원	원	1. 근원 2. 기원(起源·起原) 3. 출처 4. 수원(水源) 5. 발원지(發源地)
殿	전각	전	1. 전각(殿閣), 궁궐(宮闕) 2. 큰 집 3. 절, 사찰(寺刹) 4. 전하(殿下)

앞의 궐내각사 부분에서도 이미 살펴보았듯이 왕족[璿]의 근원[源]과 계보를 뜻하는 선원전은 선왕의 어진을 모시는 전각이며 현재 창덕궁 내에는 신선원전과 구선원전 두 개가 존재한다. 선원전 제도는 원래 모든 선왕의 어진을 한 곳에 모신 것이 아니라, 진전 제도를 본격적으로 부활시킨 영조가 부왕이었던 숙종을 선원전에 모신 것으로부터 출발했다. 따라서 나머지 선왕들의 어진은 선원전이 아닌 여러 곳의 진전에 분산되어 관리되는 형식이었고, 고종 때에는 창덕궁 내 선원전이 7실 구조를 갖추고 태조와 더불어 숙종 이후 고종까지 이어지는 직계의 어진만을 모셨다.

그런데 일제강점기가 되자 일제는 조선 왕실의 권위를 축소시키기 위해 일반 백성들의 시야에 들어오는 궁궐 밖의 진전 건물은 모두 없애버리고 그 속의 어진들을 모두 취합하여 궁궐 속 선원전에 집결시키고자 했다. 그러나 기존의 선원전 건물에는 더 이상 어진을 봉안할 여유 공간이 없자, 창덕궁 후원 가장 깊숙한 곳에 12실 규모의 새 선원전을 짓고 어진들을 한 건물 속에 몰아넣었으니 이 건물이 신선원전이다. 그리고 구선원전 건물의 현판을 떼다가 새

肅 엄숙할 숙 1. 엄숙하다 2. 공경하다 3. 정중하다 4. 정제하다 5. 맑다 6. 경계하다 7. 엄하다
8. 절하다

敬 공경 경 1. 공경 2. 예(禮), 감사하는 예 3. 공경하다 4. 삼가다(몸가짐이나 언행을 조심하다),
(마음을) 절제하다 5. 정중하다, (예의가) 바르다 6. 훈계하다, …

門 문 문 1. 문 2. 집안 3. 문벌(門閥) 4. 동문(同門)

  선원전 건물에 붙였다. 이런 이유로 구선원전 건물에는 선원전 현판이 없고, 대신 새 선원전 건물에 걸려있다.

  현재 신선원전 일원은 모두 비공개지역으로 설정되어 있어서 일반 관람이 불가하다. 하지만 창덕궁과 담장을 맞대고 있는 중앙중·고등학교 건물의 높은 곳에서 내려다보면 어느 정도의 외관은 파악이 가능하다.

  엄숙함(肅)과 공경함(敬)을 뜻하는 숙경문은 신선원전의 앞쪽 문에 걸린 현판이다. 선왕들의 어진을 모신 곳에 잘 어울리는 이름이다. 동궐도형에는 구선원전의 북쪽 출입문 중 하나가 숙경문의 이름을 앞뒤 순서만 바꾼 경숙문(敬肅門)이라고 나와 있다. 또한, 비슷한 용도(진전)의 건물인 경복궁 태원전의 정문 건숙문(建肅門)과도 뉘앙스가 비슷함을 알 수 있다.

夢 꿈 몽 1. 꿈 2. 공상 3. 꿈꾸다 4. 혼미하다 5. 흐리멍덩하다 6. 똑똑하지 않다
7. 마음이 어지러워지다 8. 뒤숭숭하다 9. (사리에) 어둡다 10. 흐릿하다

踏 밟을 답 1. 밟다, 디디다 2. 밟아 누르다 3. 걷다, 밟고 가다 4. (발로) 장단 맞추다
5. 조사하다, 살피다 6. 신발 7. 발판

亭 정자 정 1. 정자 2. 역마을 3. 여인숙, 주막집 4. 초소 5. 한가운데 …

掛 걸 괘 1. 걸다, 매달다 2. 입다, 걸치다 3. 나누다, 구분하다 4. 도모하다, 꾀하다
5. 등록하다 6. 건너다, 통과하다 7. (마음이) 끌리다 8. 옷, 의상

弓 활 궁 1. 활 2. 활 모양 3. 궁술 4. 활의 길이 5. 여덟 자, 길이의 단위 6. 구부정하게 하다

亭 정자 정 1. 정자 2. 역마을 3. 여인숙, 주막집 4. 초소 5. 한가운데 …

꿈(夢)길을 밟고(踏) 간다는 뜻의 몽답정은 신선원전의 남서쪽에 있는 정자인데, 그 앞에는 같은 이름의 몽답지라는 연못도 있다. 현판은 없는데 대신 정자 뒤쪽 바위 하단에 몽답정(夢踏亭)을 새겨 놓았다. 원래 지금의 신선원전 자리는 궐담 밖에 해당하였고 그 자리에는 궁궐 수비목적으로 훈련도감 소속의 북영(北營)이 주둔하고 있었다. 1759년에 군영의 누각으로 위풍당당한 몽답정이 세워졌고, 몽답정 북쪽에는 군영 안의 활터를 내려다볼 수 있는 작은 정자인 괘궁정이 만들어졌다. 몽답정이라는 이름은 영조가 꿈 이야기를 하면서 직접 지었다고 영조실록에 전한다.

활(弓)을 걸어(掛)두는 정자라는 뜻의 괘궁정은 몽답정의 북쪽, 신선원전의 서쪽에 있는 정자다. 이곳 역시 현판은 없고 정자 기단부

懿 아름다울 의 1. 아름답다 2. 훌륭하다 3. 기리다, 칭송하다(稱頌--) 4. 깊다, 깊숙하다 5. 크다 6. 허(통탄), 탄식하는 소리

孝 효도 효 1. 효도 2. 상복(喪服) 3. 제사 4. 맏, 맏자식 5. 부모를 섬기다, 효도하다 6. 본받다 7. 상복을 입다, 거상하다(居喪--) 8. 제사 …

殿 전각 전 1. 전각(殿閣), 궁궐(宮闕) 2. 큰 집 3. 절, 사찰(寺刹) 4. 전하(殿下)

의 자연석 바위에 괘궁암(挂弓岩)이라는 각자가 새겨져 있다. 조선은 외적의 침입이 잦았던 탓에 전국 곳곳에 '괘궁정'이라는 편액을 걸어둔 정자를 많이 만들었는데 이는 유비무환을 강조하는 의미로 해석된다. 괘궁정과 관련된 이야기로는 정조와 정약용의 것도 전해지는데 정약용이 규장각에서 근무할 당시 활쏘기 실력이 모자라자 평소 문무겸비를 강조하던 정조는 정약용을 북영(北營)에 잡아두고 연습을 시켰는데 정약용은 열흘이 지나서야 풀려날 수 있었다고 한다.

신선원전 앞에는 순종의 첫 번째 부인 순명효[孝]황후를 기린다[懿]는 뜻의 의효전(懿孝殿)이 있는데, 원래 옛 덕수궁 터에 있던 순명효황후의 혼전(魂殿)을 창덕궁으로 옮겨온 것이다. 1921년경 일제가 덕수궁 일대를 매각하면서 일방적으로 옮겨온 것이라 관련 기록이 거의 없어서 최근에야 의효전의 실체가 제대로 드러났다. 그전까지는 의로전(懿老殿)이라고 불렸는데 이는 의효전의 오기(誤記)였다.

昌慶宮

창경궁
궁성(宮城)과 궁문(宮門)

창경궁 전경

昌 창성할 창　1. 창성하다, 흥성하다 2. 번성하다 3. 아름답다, 곱다 4. 착하다, 선량하다
5. 방종하다(放縱--) 6. 어지럽히다, 어지러워지다 7. 외치다, 주창하다 …

慶 경사 경　1. 경사(慶事) 2. 선행(善行) 3. 상, 상으로 내리는 것 4. 복, 다행한 일 5. 하례하다
(賀禮--) 6. 경사스럽다, 축하하다 7. 기뻐하다

宮 집 궁　1. (왕족의) 집, 가옥 2. 대궐(大闕), 궁전(宮殿) 3. 종묘(宗廟) 4. 사당(祠堂) …

　　창경궁은 창덕궁의 동쪽에 있는 별궁 성격의 궁궐로서 나라의 경사〔慶〕가 나날이 번창〔昌〕하기를 기원하는 뜻을 담고 있다. 원래 창경궁 자리에는 세종이 상왕(上王)으로 물러나 있던 아버지 태종을 위해 지은 수강궁(壽康宮)이라는 작은 궁궐이 있었다. 〔수강궁뿐만 아니라 덕수궁(德壽宮), 수녕궁(壽寧宮)처럼 궁궐 이름에 목숨 수(壽) 자가 들어간 곳은 대부분 상왕이나 대비 등 왕실 어른들의 만수무강을 비는 뜻에서 만들어진 궁궐 이름이다.〕

　　그런데 성종이 즉위할 당시, 왕실 어른인 대비가 무려 세 분이나 되었다. 성종의 생모인 인수대비(소혜왕후)와 선왕의 부인 예종비 인혜왕대비(안순왕후)뿐만 아니라, 심지어 할머니인 세조비 자성대왕대비(정희왕후)까지 생존해 있었기 때문에 성종은 세 대비를 편히 모시기 위해 옛 수강궁을 확장하는 리모델링 공사를 하여 만든 것이 창경궁이다. 따라서 창경궁의 시작은 대비를 위한 궁궐이며 이는 실록에서도 확인된다.

　　성종 16년(1485) 5월 7일
　　두 대비〔兩大妃〕가 창경궁에 이어(移御)하니, 임금이 홍화문(弘化門) 안에서 영접하였다. 승정원에 어서(御書)를 내리기를, "새

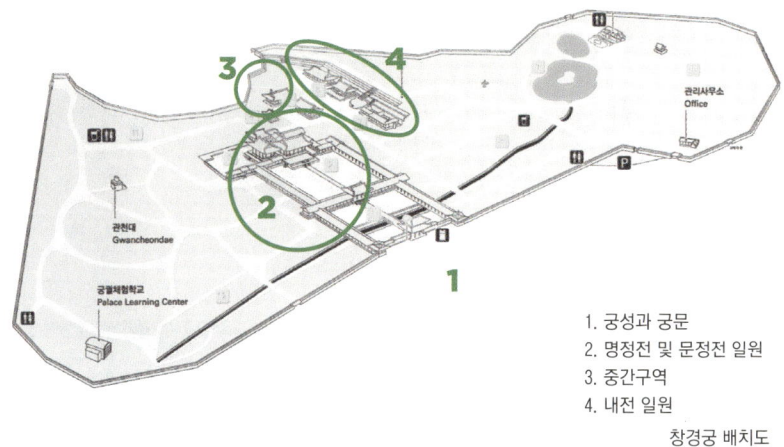

1. 궁성과 궁문
2. 명정전 및 문정전 일원
3. 중간구역
4. 내전 일원

창경궁 배치도

로 창경궁을 세운 것은 본래 삼전(三殿: 정희왕후[1]·소혜왕후[2]·안순왕후[3])을 위한 것이다. …(후략)…"

    창경궁은 처음부터 왕이 아닌 대비를 모시기 위한 궁궐로 짓다 보니, 다른 일반 궁궐들과는 많은 면에서 차별화되는 부분이 있다. 일단 궁궐의 방향이 특이하다. 즉, 다른 궁궐들은 모두 남향을 하고 있는데 비해 창경궁은 동향이다. 그뿐만 아니라 다른 궁궐들은 으뜸 전각인 정전(正殿: =法殿)에 이르기까지 총 3개의 문을 거치지만, 창경궁은 2개의 문만 거친다. 〔경복궁: 광화문[1]-흥례문[2]-근정문[3] / 창덕궁: 돈화문[1]-진선문[2]-인정문[3] / 경희궁: 흥화문[1]-건명문[미복원][2]-숭정문[3] / 창경궁: 흥화문[1]-명정문[2]〕 또한, 경복궁과 창덕궁의 으뜸 전각인 근정전과 인정전은 모두 2층 짜리 건물이지만, 창경궁의 으뜸 전각인 명정전은 단층이다. 이처럼 다른 궁궐에 비해 많은 부분에서 규모나 격식이 떨어지는 것은 창경궁이 창덕궁의 보조궁궐이었음을 나타내는 것이다.

弘 넓을 홍	1. 크다 2. 넓다 3. 넓히다 4. 높다 5. 너그럽다 6. 널리, 넓게 7. 너그러이 8. 활 소리
化 될 화	1. 되다, 화하다(化--) 2. 교화하다(敎化--), 감화시키다(感化---) 3. 가르치다 4. 따르다, 본받다 5. 변천하다(變遷--), 달라지다 … 11. 교화(敎化) …
門 문 문	1. 문 2. 집안 3. 문벌(門閥) 4. 동문(同門) …

홍화문

 앞서 창덕궁의 돈화문 부분에서도 언급했다시피 모든 조선 궁궐의 정문은 임금과 백성이 공식적으로 만날 수 있는 접점에 해당하기에 정문의 이름에는 백성들에 대한 임금의 교화를 뜻하는 화(化) 자가 들어간다. 따라서 홍화문은 임금의 교화[化]가 넓게[弘] 퍼져 나가라는 뜻이다.

 그런데 홍화문에서 임금이 백성들에게 추상적인 교화 대신 구체적인 쌀을 나누어준 역사적인 사실이 있고, 그것이 1795년에 발행된 『원행을묘정리의궤(園幸乙卯整理儀軌)』에 「홍화문사미도(弘化門賜米圖)」라는 그림으로 실려있다. 사미도는 쌀(米)을 하사(賜)하는 그림(圖)인데, 그림 속 상단 중앙에는 홍화문 앞에 장막이 드리워져 있고 그 가운데에는 빈 어좌가 놓여있으나 임금을 그리지 않는 전통을 따랐을 뿐, 실제 그 자리에는 정조가 있었다. 어좌 주위로는 의장과 호위를 담당한 신하와 군사들이 보이며, 그림 한가운데의 마당에는 쌓여있는 볏가마에서 백성들이 쌀을 담고 있는 장면이 그려졌다.

宣 배풀 선 1. 베풀다 2. 널리 펴다 3. 떨치다 4. 밝히다 5. 하교를 내리다 6. 머리가 세다
7. 밭을 갈다 8. 쓰다, 사용하다 9. 통하다 10. 조서, 조칙 11. 임금의 말 12. 궁전

仁 어질 인 1. 어질다, 자애롭다, 인자하다 2. 감각이 있다, 민감하다 3. 사랑하다 4. 불쌍히 여기다 5. 어진 이, 현자(賢者) 6. 인, 어진 마음, 박애 7. 자네 8. 씨

門 문 문 1. 문 2. 집안 3. 문벌(門閥) 4. 동문(同門) …

선인문

인(仁)을 널리 베푼다(宣)는 뜻의 선인문은 홍화문으로부터 약 100m 정도 남쪽의 궁궐 담장에서 동향으로 서 있다. 선인문의 안쪽은 궐내각사가 몰려 있어서 관리들의 통행이 잦았고 또한 시민당(時敏堂) 등 동궁 권역으로도 통했기 때문에 동궁의 정문 역할을 하기도 했다.

그러나 인을 베푼다는 좋은 뜻과는 달리, 역사적으로 매우 비극적인 사건이 바로 이 선인문 안마당에서 일어났는데, 사도세자가 뒤주에 갇혀 8일 만에 비명횡사한 것이다.

선인문 안마당

또한, 희빈 장 씨가 사사된 후 시신을 내보낸 문도 선인문인데, 장희빈의 처소인 취선당이 선인문과 가까워서였다.

月 달 월 1. 달, 별의 이름 2. 세월, 나달, 광음(光陰: 시간이나 세월을 이르는 말) 3. 달빛
        4. 달을 세는 단위 5. 한 달, 1개월 6. 월경(月經), 경수(經水) 7. 다달이, 달마다
觀 뵐 근 1. 뵈다, 알현하다(謁見--) 2. 만나다 3. 보다 4. 겨우(=僅) 5. 구슬, 옥
門 문 문 1. 문 2. 집안 3. 문벌(門閥) 4. 동문(同門) …

월근문

매달[月] 찾아뵙겠다[觀]는 뜻의 월근문은 홍화문으로부터 북쪽으로 약 300m 떨어진 곳에 있는데 사도세자에 대한 정조의 효심이 듬뿍 담긴 문이다. 정조는 비명횡사한 아버지 사도세자를 위해 무덤은 수원화성에 왕릉급인 현륭원을 조성해 이장했고, 사당은 창경궁 맞은편 함춘원 자리 [오늘날 서울대학교병원 뒤쪽]에 새로 만들면서 이름도 경모궁(敬慕宮)으로 격상시켰다. 그리고는 월근문을 통해 경모궁에 자주 참배를 다녔는데 승정원일기와 정조실록에는 정조가 월근

문의 이름을 붙인 사연을 다음과 같이 밝히고 있다. "이 문을 거쳐 한 달 혹은 한 달 걸러 한 번씩 전배하러 다니며, 어린아이가 어버이를 그리워하는 것 같은 내 슬픔을 풀 것이다." 그뿐만 아니라 월근문과 마주 보는 경모궁의 서쪽 편에도 출입문을 만들었는데〔지금은 없어졌다〕, 이름이 일첨문(日瞻門)이었다. 첨 자는 첨성대 할 때의 볼 첨(瞻)이니, 찾아뵙는 것은 한 달에 한 번뿐이라도, 보는 것은 매일 그쪽을 바라보겠다는 정조의 애절한 마음을 담고 있다.

정조 3년(1779) 10월 10일

<u>월근문(月覲門)을 세웠다.</u> 하교하기를, "내가 저궁(儲宮: =세자궁, 세손궁)에 있을 때 실록을 보니, 영묘(英廟: =영조) 때에 종묘 북쪽 담과 궁성(宮城) 남쪽 담이 서로 닿은 곳에 한 문을 창건하고 초하루·보름마다 소여(小輿)를 타고 위사(衛士) 없이 가서 전배례(展拜禮)를 행하셨다 하였는데, 나 소자(小子)가 늘 마음에서 배송(拜誦)하였다. 일첨문(日瞻門)을 새로 세운 것은 성조(聖祖)의 자취를 뒤따르려는 데에 뜻이 있는데, ...(중략)... <u>이 문을 거쳐서 혹, 한 달에 한 번 배례(拜禮)하거나 한 달에 걸러 배례하여 어린아이가 어버이를 그리워하는 것 같은 내 슬픔을 펼 것이다.</u> 문 자물쇠는 또한 종묘 북쪽 담의 자물쇠의 예에 따라 수직(守直)하는 중관(中官)이 맡게 하지 말고 승정원에서 감추어 두고 때에 따라 여닫으라." 하였다.

集 모을 집　1. 모으다 2. 모이다 3. 편안히 하다 4. 이르다(어떤 장소나 시간에 닿다), 도달하다 (到達--) 5. 가지런하다 6. 이루다
春 봄 춘　1. 봄 2. 동녘 3. 술 4. 남녀의 정 5. 젊은 나이 6. 정욕(情慾)
門 문 문　1. 문 2. 집안 3. 문벌(門閥) 4. 동문(同門) …

집춘문

봄(春)기운을 모은다(集)는 뜻의 집춘문은 월근문에서 다시 북쪽으로 약 320m 정도 떨어진 궁궐 담장에 있는데 성균관의 신삼문(神三門)까지 약 110m밖에 되지 않는다.〔지금은 문밖이 바로 주택가여서 출입기능은 상실하였다〕이름 속에 봄 춘(春) 자가 들어있어서 동쪽을 의미하고 있지만, 실은 창경궁의 가장 북단에 가깝기 때문에 동북쪽이라고 하는 편이 사실에 가깝다.

　역대 임금들이 문묘를 참배할 때 또는 성균관에 용무가 있을 때

觀 볼 관 1. 보다 2. 보이게 하다 3. 보게 하다 4. 나타내다 5. 점치다 6. 모양 7. 용모 8. 생각 9. 누각(樓閣) 10. 황새 11. 괘(卦)의 이름

德 덕 덕 1. 크다 2. (덕으로) 여기다 3. (덕을) 베풀다 4. 고맙게 생각하다 5. 오르다, 타다 6. 덕(德), 도덕(道德) 7. 은덕(恩德) 8. 복(福), 행복(幸福) …

亭 정자 정 1. 정자 2. 역마을 3. 여인숙, 주막집 4. 초소 5. 한가운데 …

관덕정

는 주로 이 문을 이용하였다. 특히 몇몇 임금들은 이 집춘문을 이용하여 불시에 성균관을 방문한 뒤, 유생들을 대상으로 시험을 시행해서 포상을 하거나 따로 기록을 남긴 뒤 훗날 정식 과거시험에서 가산점을 주기도 했는데, 이런 전통은 창경궁을 처음 만든 성종 때부터 있었다.

춘당지(春塘池)에서 집춘문 쪽으로 통하는 오솔길을 가다 보면 왼

쪽으로 현판도 없는 작은 정자가 하나 보이는데 이 정자가 정조의 상림십경(上林十景)에 나오는 관덕풍림(觀德楓林: 관덕정의 단풍놀이)의 주인공인 관덕정이다.

덕행(德)을 본다(觀)는 뜻의 관덕정은 사정(射亭) 즉 활을 쏘는 정자다. 활을 쏘는 행위를 관덕(觀德)이라는 말로 표현하는 근거는 『예기(禮記)』에 나온다. 『예기(禮記)』「사의(射義) 편」 제2장과 제3장에서 "활을 쏜다는 것으로써 덕(德)이 왕성함을 볼(觀) 수 있다." 또는 "활과 화살을 살펴서 견고히 잡은 연후에야 과녁에 적중할 것을 가히 말할 수 있고, 이것으로써 가히 덕(德)의 행함을 볼(觀) 수 있다"라는 구절에서 관덕이란 말을 발췌했기 때문이다. 그런 이유로 활을 쏘는 정자인 사정(射亭) 중에서 관덕정(觀德亭) 또는 관덕당(觀德堂)이라는 이름이 많이 보이는데, 창경궁뿐만 아니라 개성, 남원, 삼척, 대구, 진주 등에도 관덕정이 있었거나 있으며, 제주 관덕정은 보물 제322호로 지정되어 있다.

제주 관덕정 [문화재청]

持弓矢審固(지궁시심고) 〔사의(射義)-2〕

활과 화살弓矢을 살펴서審 견고히固 잡은持

They were to hold their bows and arrows skillfully and firmly;

然後可以言中(연후가이언중)

연후然後에야 과녁에 적중中할 것을 가히可以 말할言 수 있고,

and when they did so, they might be expected to hit the mark.

此可以觀德行矣(차가이관덕행의)

이것此으로써 가히可以 덕德의 행함行을 볼觀 수 있다矣.

In this way (from their archery) their characters could be seen.

射者 所以觀盛德也(사자 소이관성덕야) 〔사의(射義)-3〕

활을 쏜다는 것射者 그것으로써所以

덕德이 왕성盛함을 볼觀 수 있다也.

The archery served to show the completeness of

(the archer's) virtue.

　　활쏘기와 관련하여 재미있는 말이 '과녁'이다. 옛날에는 활을 쏠 때 표적판을 가죽으로 만들었다. 그런 이유로 표적에 명중시키면 화살이 가죽을 뚫었다. 그래서 화살이 명중하여 가죽을 뚫는다는 것을 관혁〔貫뚫을 관, 革가죽 혁〕이라고 했었는데 그 말이 변하여 오늘날 과녁이 되었다.

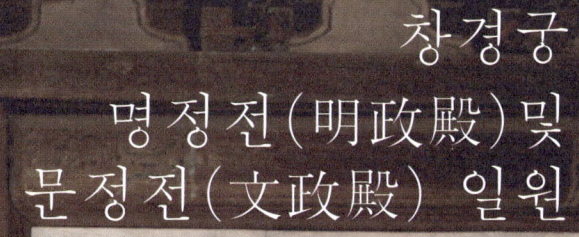

창경궁
명정전(明政殿) 및
문정전(文政殿) 일원

명정전 내부

玉 구슬 옥 1. 구슬 2. 옥(玉) 3. 아름다운 덕(德) 4. 미칭(美稱), 상대편의 것을 높여 이른 말
川 내 천 5. 옥(玉)과 같은 사물의 비유 6. 아름답다 7. 훌륭하다 8. 가꾸다 9. 소중히 하다
橋 다리 교 1. 내 2. 물귀신 3. 굴, 깊숙하게 패인 곳 4. 들판, 평원 5. 느릿한 모양 6. 사천성의
         약칭 7. 계속해서 8. 끊임없이
         1. 다리, 교량 2. 시렁 3. 가마(조그만 집 모양의 탈것) 4. 가로 댄 나무 5. 썰매
         6. 쇠코뚜레 7. 업신여기다, 깔보다 8. 어긋나다 9. 굳세다 10. 높다, 높이 …

옥천교

　구슬(玉)같이 맑은 냇물(川) 위의 다리(橋)라는 뜻의 옥천교는 홍화문 안쪽 명당수가 흐르는 어구(御溝: 대궐에서 흘러나오는 개천) 위에 설치한 돌다리로, 창경궁이 만들어지던 성종 14년(1483)에 세워졌는데, 창경궁 내에서 가장 오래된 구조물이다. 또한 경복궁, 창덕궁과는 달리 이 다리 밑으로는 실제로 물이 흐르기 때문에, 서울의 궁궐 중에서 명당수인 금천(禁川)이 유일하게 살아있는 다리다. 그

옥천교 다리 디테일

뿐만 아니라 다리 각 부분의 양식과 조각이 특별하며, 다른 궁궐의 금천교보다도 아름다운 모습을 지니고 있어서 이 다리만이 독립적으로 보물 제386호로 지정되어 있다.

창덕궁의 경우 금천교가 궁궐의 정문(돈화문)과 중문(진선문) 사이에 위치하는데 비해, 창경궁은 별도의 중문이 없어서 옥천교는 궁궐의 정문(홍화문)과 정전의 정문(명정문) 사이에 위치한다. 따라서 바깥 조정이 곧 옥천교 영역과 겹치게 되는데, 이는 경복궁의 금천교(영제교)가 정전의 정문(근정문) 바로 앞에 있는 것과 유사한 배치법이다. 따라서 옥천교와 명정문 사이의 공간[폭 70m 깊이 20m]에서는 중요한 정치 행사가 많이 있었다.

明	밝을	명	1. 밝다 2. 밝히다 3. 날새다 4. 나타나다, 명료하게 드러나다 5. 똑똑하다 6. 깨끗하다, 결백하다 7. 희다, 하얗다 8. 질서가 서다 9. 갖추어지다 10. 높이다, 숭상하다 …
政	정사	정	1. 정사(政事), 나라를 다스리는 일 2. 구실(온갖 세납을 통틀어 이르던 말), 조세(租稅) 3. 법, 법규, 정사를 행하는 규칙 4. 부역, 노역 5. 벼슬아치의 직무나 관직
門	문	문	1. 문 2. 집안 3. 문벌(門閥) 4. 동문(同門)

명정문과 명정전

　밝은〔明〕 정치〔政〕를 하라는 뜻을 담고 있는 명정전과 명정문은 창경궁 치조(治朝)의 핵심인 정전(正殿)과 그의 정문이다. 명정문은 홍화문과 명정전을 잇는 동·서 중심축 선상에 정확히 놓이지 않고 남쪽으로 약 1.2m가량 벗어나 있다는 점이 특징인데, 이는 옥천교에서 명정문 쪽을 쳐다봤을 때, 명정문의 정중앙에 명정전이 위치하지 않고 약간 오른쪽에 치우쳐 있는 것에서도 확인이 가능

明 밝을 명 1. 밝다 2. 밝히다 3. 날새다 4. 나타나다, 명료하게 드러나다 5. 똑똑하다 6. 깨끗하다, 결백하다 7. 희다, 하얗다 8. 질서가 서다 9. 갖추어지다 10. 높이다, 숭상하다 …

政 정사 정 1. 정사(政事), 나라를 다스리는 일 2. 구실(온갖 세납을 통틀어 이르던 말), 조세(租稅) 3. 법, 법규, 정사를 행하는 규칙 4. 부역, 노역 5. 벼슬아치의 직무나 관직

殿 전각 전 1. 전각(殿閣), 궁궐(宮闕) 2. 큰 집 3. 절, 사찰(寺刹) 4. 전하(殿下)

명정전

하다. 이런 식의 건물배치는 풍수지리에서 영향을 받은 것으로 해석하는 것 이외에 달리 설명할 방법이 없다.

　명정문은 건축적으로 보았을 때 바로 앞의 홍화문과 비교해 봐도 구조가 비교적 단순화되어 있는 것을 알 수 있는데, 같은 규모의 건물이라도 내부 부재의 크기가 크고 구조가 단순하다는 것은 옛날식[古式]이라는 의미다. 조선 시대에는 시간이 흐를수록 크고

창경궁-명정전(明政殿) 및 문정전(文政殿) 일원　287

명정전의 화려한 내부

좋은 나무를 구하기 어려워지자 목수는 어쩔 수 없이 가늘고 작은 목재를 쓸 수밖에 없었는데, 대신 건축 양식을 복잡하고 화려하게 만듦으로써 내부 공간을 채워나갔다. 명정문은 보물 제385호로 지정되었다.

한편, 명정전은 조선 궁궐 전각 중에서는 가장 오래된 목조 건축물이어서 국보 제226호로 지정되었다. 임진왜란 때 불탄 것을 광해 8년(1616)에 옛 모습으로 복원하였고, 이때 지어진 건물이 지금까지 온전하게 보존되고 있다.

文 글월 문 1. 글월, 문장(文章) 2. 어구(語句), 글 3. 글자 4. 문서 5. 서적, 책 6. 문체의 한 가지 7. 채색(彩色), 빛깔 8. 무늬 …

政 정사 정 1. 정사(政事), 나라를 다스리는 일 2. 구실(온갖 세납을 통틀어 이르던 말), 조세(租稅) 3. 법, 법규, 정사를 행하는 규칙 4. 부역, 노역 5. 벼슬아치의 직무나 관직

門 문 문 1. 문 2. 집안 3. 문벌(門閥) 4. 동문(同門)

문정문 현판

문치주의〔文〕를 바탕으로 정치〔政〕를 한다는 뜻의 문정전과 문정문은 창경궁 내 일상정치의 중심인 편전(便殿)과 그의 정문이다. 편전도 치조에 속하므로 이름 속에는 정치를 뜻하는 정(政) 자가 들어있다. 2008년 숭례문 방화사건 당시의 범인은 숭례문에 방화하기 2년 전에 이곳 문정전을 먼저 범행대상으로 삼았었다. 그러나 현장에 있던 관람객과 직원이 급히 불을 꺼서 큰 화를 면했는데,

文 글월 문 1. 글월, 문장(文章) 2. 어구(語句), 글 3. 글자 4. 문서 5. 서적, 책 6. 문체의 한 가지 7. 채색(彩色), 빛깔 8. 무늬 …

政 정사 정 1. 정사(政事), 나라를 다스리는 일 2. 구실(온갖 세납을 통틀어 이르던 말), 조세(租稅) 3. 법, 법규, 정사를 행하는 규칙 4. 부역, 노역 5. 벼슬아치의 직무나 관직

殿 전각 전 1. 전각(殿閣), 궁궐(宮闕) 2. 큰 집 3. 절, 사찰(寺刹) 4. 전하(殿下)

문정전

그 이후에 문화재보호법 위반으로 인한 집행유예 기간임에도 불구하고 결국에는 숭례문에 방화를 저질렀다. 문정전 방화사건의 후속 조치를 잘 처리만 했어도 숭례문 화재는 막을 수 있었을 텐데 하는 아쉬움이 남는다.

그런데 이 문정전 앞뜰에서는 역사상 매우 충격적인 사건이 벌어졌었는데, 바로 사도세자가 뒤주에 갇히던 임오화변(王午禍變)이

그것이다. 여기서 한 가지 재미있는 사실은 사도세자가 뒤주 속에 갇힌 곳은 분명 문정전〔당시에는 정성왕후의 혼전으로 사용중이라 잠시 휘령전이라 했다〕 앞뜰이었지만, 실제로 숨을 거둔 장소는 의외로 선인문 앞마당이라는 사실이다. 이는 뒤주를 옮겼다는 것을 뜻한다. 왜일까? 아직까지 뒤주를 옮긴 이유를 명쾌하게 설명하는 자료는 발견되지 않았다. 그저 뒤주를 옮겼다는 사실만 기록되어 있을 뿐이다. 아마도 이는 풍수적인 이유 때문으로 보인다. 풍수에서는 사람이 죽으면 그곳에서 나쁜 기운〔煞殺, 死氣사기〕이 나온다고 한다. 따라서 궁궐 내부가 나쁜 기운으로 오염되는 것을 막고자 창경궁 내부를 가로지르는 금천 밖 공간을 찾다 보니 선인문 안쪽 마당이 최종 장소로 선택된 듯하다. 풍수에서는 어떤 기운이든 물길을 넘어서지 못하기 때문이다.

光	빛	광	1. 빛, 어둠을 물리치는 빛 2. 세월 3. 기세, 세력, 기운 4. 경치, 풍경 5. 명예, 영예 6. 문화, 문물 7. 문물의 아름다움 8. 빛깔, 번쩍거리는 빛 …
德	덕	덕	1. 크다 2. (덕으로) 여기다 3. (덕을) 베풀다 4. 고맙게 생각하다 5. 오르다, 타다 6. 덕(德), 도덕(道德) 7. 은덕(恩德) 8. 복(福), 행복(幸福) …
門	문	문	1. 문 2. 집안 3. 문벌(門閥) 4. 동문(同門)

광덕문

덕(德)을 빛낸다(光)는 뜻의 광덕문과 지혜(智)를 숭상한다(崇)는 뜻의 숭지문은 홍화문 북쪽 행각 속의 문인데, 광덕문은 금천 바깥쪽에 있으며, 숭지문은 금천 안쪽에 있다. 숭지문의 지(智)는 유교의 오상(五常)인 인의예지신(仁義禮智信)이 각 방위별로 배치될 때 북쪽에 해당한다.(仁동, 義서, 禮남, 智북, 信중) 숭지문의 위치가 북쪽임을 나타내는 것이다. 그런데 같은 북쪽 행각 속의 광덕문은 음양론에서 밝은 남쪽이나 동쪽을 가리키는 빛 광(光) 자가 들어가 있다. 이는 어떻게 된

崇 높을 숭 1. 높다 2. 높이다, 높게 하다 3. 존중하다 4. 모으다, 모이다 5. 차다, 채우다, 차게 하다 6. 마치다, 끝나다
智 지혜 지 1. 슬기, 지혜 2. 재능 3. 꾀, 기지, 모략 4. 지혜로운 사람, 총명한 사람 5. 슬기롭다 6. 지혜롭다, 총명하다 7. 알다
門 문 문 1. 문 2. 집안 3. 문벌(門閥) 4. 동문(同門)

숭지문

것일까?

 우리 조상들은 방위를 가리킬 때 두 가지 방법을 사용했다. 하나는 상대방위이고 또 하나는 절대방위다. 절대방위는 자연이 정해주는 방위로 해가 뜨는 쪽이 동쪽, 해가 지는 쪽이 서쪽이다. 결코, 바뀌는 법이 없다. 그러나 상대방위는 다르다. 절대방위와 상관없이 주인공이 바라보는 쪽이 무조건 남쪽이고, 등지고 있으면 북쪽으로 재설정하는 것이다. 집에서 제사를 지낼 때 원칙은 신위(神位)나 위패를 북쪽에 모시고 남쪽에서 자손들

이 북쪽을 향해 절을 해야 한다. 그러나 실제 집의 구조상 북쪽을 향해 제사상을 설치할 수 없어도 방향을 고민할 필요가 전혀 없다. 상대방위를 적용하여 제사상 뒤에 병풍을 둘러치면 그쪽이 무조건 북쪽으로 재설정되기 때문이다.

  이것을 창경궁에 적용하면 창경궁의 절대방위는 동향이지만 상대방위는 남향이 된다.〔궁궐의 주인인 임금이 바라보는 쪽은 무조건 남쪽이다. 이를 군주남면(君主南面)이라 한다.〕따라서 광덕문은 앞쪽에 있으므로 남쪽, 숭지문은 뒤쪽에 있으므로 북쪽으로 재설정된다. 그래서 광덕문에는 남쪽을 뜻하는 빛 광(光) 자가 들어갔다는 해석이 가능하다.

光	빛	광	1. 빛, 어둠을 물리치는 빛 2. 세월 3. 기세, 세력, 기운 4. 경치, 풍경 5. 명예, 영예 6. 문화, 문물 7. 문물의 아름다움 8. 빛깔, 번쩍거리는 빛 …
政	정사	정	1. 정사(政事), 나라를 다스리는 일 2. 구실(온갖 세납을 통틀어 이르던 말), 조세(租稅) 3. 법, 법규, 정사를 행하는 규칙 4. 부역, 노역 5. 벼슬아치의 직무나 관직
門	문	문	<u>1. 문</u> 2. 집안 3. 문벌(門閥) 4. 동문(同門)

永	길	영	1. 길다 2. (시간이) 오래다 3. 길게 하다, 길게 늘이다 4. (시간을) 오래 끌다 5. 깊다 6. 멀다, 요원하다 7. 읊다 8. 깊이 <u>9. 길이, 오래도록, 영원히</u>
淸	맑을	청	<u>1. 맑다</u> 2. 깨끗하다 3. 탐욕이 없다 4. 빛이 선명하다 5. 사념이 없다 6. 분명하다 7. 한가하다 8. 고요하다 9. 끝장을 내다 10. 거스르다
門	문	문	<u>1. 문</u> 2. 집안 3. 문벌(門閥) 4. 동문(同門)

정치(政)를 빛낸다(光)는 뜻의 광정문과 영원(永)토록 맑은(淸) 세상을 염원하는 영청문은 명정전을 둘러싸고 있는 행각 속의 문인데, 광정문은 남쪽 행각 속에 그리고 영청문은 북쪽 행각 속에서 서로 마주 보고 있다. 그런데 이 두 문의 이름 속에 쓰인 방위는 상대방위가 아닌 절대방위를 따른 듯하다.

우선, 남쪽 행각 속의 광정문에는 남쪽을 뜻하는 빛 광(光) 자가 들어가 있다. 그렇다면 북쪽 행각 속의 영청문에는 어떤 글자가 방위와 연관이 있을까? 일단 북쪽을 뜻하는 글자로는 사신도〔동청룡, 서백호, 남주작, 북현무〕에서는 무(武), 유교의 오상(五常)〔仁동, 義서, 禮남, 智북, 信중〕에서는 지(智), 오행(五行)〔木:東, 火:南, 土:中, 金:西, 水:北〕에서는 수(水) 자가 자주 쓰인다. 영청 두 글자를 가만히 들여다보면 길 영(永) 자에서 맨 위의 한 획만 빼면 물 수(水) 자가 되며, 맑을 청(淸)

자도 부수에 물 수(水)가 삼수변(氵)의 형태로 쓰이고 있어서 오행

광정문

에서 북쪽을 가리키는 수(水)와 관련 있는 것으로 해석될 수 있다.

영청문

창경궁
중간 구역

함인정 천장

賓 손
陽 볕
門 문

빈 1. 손, 손님 2. 사위 3. 물가(=濱) 4. (손으로) 대접하다 5. 객지살이하다 6. 복종하다, 따르다 7. 인도하다 8. 따르게 하다 …

양 1. 볕, 양지 2. 해, 태양 3. 양, 양기(陽氣) 4. 낮, 한낮 5. 남성 6. 하늘 … 15. 드러내다 16. 밝다 17. 맑다 18. 선명하다 19. 양각하다(陽刻--) 20. 굳세고 사납다

문 1. 문 2. 집안 3. 문벌(門閥) 4. 동문(同門)

빈양문에서 본 명정전

볕, 태양, 양기(陽)를 귀빈(賓)으로 맞이한다는 뜻의 빈양문은 명정전의 뒤쪽에서 내전 지역으로 통하는 문이다. 따라서 내전 전체의 정문 역할을 하고 있다. 문의 이름에 양(陽) 자가 들어간 것에 대한 해석으로는 문이 동향을 하고 있어서 그렇다는 의견도 있고 [창덕궁 연경당의 장양문과 소양문, 경복궁 덕양문과 건청궁 내 초양문, 집경당의 봉양문도 모두 동문이다]. 또한 문 앞에 있는 명정전이 임금이 있는 곳이므로

임금을 태양에 비유한 것이라는 의견도 있다.

　그런데 빈양문 주변을 살펴보면 벽체가 없는 복도각이 빈양문과 명정전 사이를 연결하고 있음을 알 수 있다. 천랑(穿廊: 2개의 건축물을 중간에서 연결하는 역할을 하는 복도)이라고도 불리는 이 복도각은 경복궁에는 태원전 앞, 창덕궁에는 선정전 앞에 설치되어 있고, 동궐도상에는 문정전 앞에도 변형된 천랑[벽체가 막혀있다]이 설치되었던 것으로 나오는데, 이들 전각의 공통점은 모두 국상(國喪)이 발생하였을 때 빈전(殯殿)이나 혼전(魂殿)으로 활용되었다는 점이다. 실록을 찾아보면 빈양문은 창경궁 내에서 각종 흉례(凶禮)가 발생하였을 때 망곡례(望哭禮, 직접 빈소나 능묘에 가지 않고 그곳을 향하여 슬피 곡을 하는 의례)를 행하거나, 환경전 등에서 재궁(梓宮,=관)을 발인할 때 움직이는 동선에서 가장 많이 언급되는 문이어서, 천랑의 특수한 용도를 입증하는 또 다른 사례로 꼽을 수 있다.

崇 높을 숭 1. 높다 2. 높이다, 높게 하다 3. 존중하다 4. 모으다, 모이다 5. 차다, 채우다, 차게 하다 6. 마치다, 끝나다
文 글월 문 1. 글월, 문장(文章) 2. 어구(語句) 3. 글자 4. 문서 5. 서적, 책 6. 문체의 한 가지 7. 채색(彩色), 빛깔 8. 무늬 …
堂 집 당 1. 집, 사랑채 2. 마루, 대청 3. 근친(近親), 친족(親族) …

숭문당

학문[文] 또는 문치주의를 숭상[崇]한다는 뜻의 숭문당은 명정전의 뒤쪽에서 빈양문과 맞닿아 있다. 이름에 걸맞게 임금이 학문을 논하거나 신하들과 만나는 용도로 사용되었는데, 바로 옆 편전인 문정전과 비슷한 용도였음을 알 수 있다. 따라서 숭문당은 창덕궁에서 선정전을 보조하는 희정당처럼, 주 편전인 문정전의 기능을 일부 흡수한 보조 편전이었다는 결론에 도달한다.

실제로 실록에는 숭문당이 2곳 즉, 창덕궁과 창경궁에 각각 있었다고 기록되어 있다. 창덕궁의 숭문당은 처음에는 숭문당과 비슷한 뜻의 수문당(修文堂)이라고 했다가 숭문당으로 바뀌었는데, 연산 2년(1496)에 다시 희정당으로 바뀌었다. 그러나 숭문당이라는 이름을 바로 없애지는 않고 한동안 희정당과 숭문당 편액을 함께 걸어두기도 했다.

그런 역사와 전통 때문인지 창경궁의 숭문당도 희정당처럼 보조 편전으로서 역할을 했다. 그런데 문정전이 혼전으로 자주 사용되면서 숭문당도 자연스럽게 상장례 공간으로도 활용되었는데 내명부를 포함하여 임금이 숭문당 지역에서 망곡례(望哭禮), 곡림(哭臨, 임금이 몸소 조문함), 거애(擧哀, 상중(喪中)의 사람이 머리를 풀고 슬피 울어 초상난 것을 알림)를 진행하기도 했다.

涵 젖을 함 1. (물에) 젖다, 적시다 2. 잠기다 3. (물에) 담그다 4. 가라앉다 5. 포용하다
6. 너그럽다, 관용하다 7. 받아들이다

仁 어질 인 1. 어질다, 자애롭다, 인자하다 2. 감각이 있다, 민감하다 3. 사랑하다
4. 불쌍히 여기다 5. 어진 이, 현자(賢者) 6. 인, 어진 마음, 박애 7. 자네 8. 씨

亭 정자 정 1. 정자 2. 역마을 3. 여인숙, 주막집 4. 초소 5. 한가운데 …

함인정

 인(仁)에 흠뻑 젖었다(涵)는 뜻의 함인정은 빈양문에서 서북쪽으로 약 20m 정도 떨어진 곳에 있는 정자다. 정자임에도 불구하고 휴식이 아닌 편전 용도로도 사용되었다. 창경궁은 임진왜란 후 중건되었으나 이괄의 난으로 또다시 내전 대부분이 소실되었는데 이때 창경궁의 복구는 광해군 때 만들어진 인경궁(仁慶宮)의 건물을 철거해 옮겨 짓는 방식으로 진행되었다. 함인정도 원래 인경궁에

있던 함인당(涵仁堂)이었는데 창경궁으로 옮겨오면서 정자 형식으로 바뀌었지만〔다른 기록에 의하면 함인당 건물이 아닌 인경궁 경수전(慶壽殿)을 옮겨 지은 것이라고도 한다.〕 '함인'이라는 이름은 계속 유지되었다. 지금은 넓은 마당에 덩그러니 고립된 형태이지만 원래는 좌·우로 담장이 연결되어 있었다. 이 함인정 내부에는 네 방향으로 도연명의 유명한 오언절구 '사시(四時,=사계절)'가 걸려있다.

    春水滿四澤(춘수만사택)
     봄春에는 물水이 사방四 연못에澤 가득하고滿
    夏雲多奇峯(하운다기봉)
     여름夏에는 구름雲이 기이한奇 봉우리에峯 많네多
    秋月揚明輝(추월양명휘)
     가을秋에는 달月이 밝은明 빛을輝 드날리고揚
    冬嶺秀孤松(동령수고송)
     겨울冬에는 산마루嶺에 홀로孤 소나무가松 빼어나네秀

창경궁
내전(內殿) 일원

양화당의 봄풍경

景 볕 경 1. 볕, 햇빛, 햇살 2. 해, 태양 3. 경치, 풍치, 풍물 4. 바람의 이름 5. 남풍, 온화한 바람
6. 환하다, 빛나다 7. 경사스럽다, 상서롭다 8. 우러러보다, 숭배하다 9. 크다(=京)

春 봄 춘 1. 봄 2. 동녘 3. 술 4. 남녀의 정 5. 젊은 나이 6. 정욕(情慾)

殿 전각 전 1. 전각(殿閣), 궁궐(宮闕) 2. 큰 집 3. 절, 사찰(寺刹) 4. 전하(殿下)

경춘전

앞서 창경궁은 성종이 대비 세 분을 모시기 위해 만들어진 궁궐이라고 설명했다. 실제로 창경궁 내전에는 전각 중에서 가장 최상급〔전각의 서열은 전¹, 당², 합³, 각⁴, 재⁵, 헌⁶, 루⁷, 정⁸. 殿堂閤閣齋軒樓亭〕인 전(殿)급 건물이 세 개가 있는데 성종의 친모 인수대비(소혜왕후, 덕종비)를 위해서는 경춘전(景春殿), 선왕의 부인 인혜왕대비(안순왕후, 예종비)를 위해서는 환경전(歡慶殿), 할머니 자성대왕대비(정희왕후, 세조비)를 위해서

경춘전 현판

는 통명전(通明殿)이 만들어졌다.

햇볕(景) 따뜻한 봄(春)이라는 뜻의 경춘전은 내전 건물 중에서 유일하게 동향을 하고 있다. 경춘전의 첫 주인은 인수대비로 널리 알려진 소혜왕후다. 소혜왕후는 경춘전에 거처를 정한 후 그곳에서 죽을 때까지 생활했다. 야사에 의하면 인수대비는 손자인 연산군의 폭정을 나무라다가 연산군이 머리로 들이받아 절명했다고 하는데 다른 사료들을 종합해보면 연산군을 깎아내리기 위한 낭설에 가깝다.

경춘전과 인연이 깊은 또 다른 사례로는 사도세자와 혜경궁 홍씨를 들 수 있는데 신혼살림을 경춘전에 차렸으며 이곳에서 정조가 태어났다. 심지어 정조는 즉위 후 혜경궁 홍씨를 위해 별도로 통명전 뒤 언덕 위에 자경당(慈慶堂, =자경전)을 지어 주었지만[사도세자의 경모궁이 잘 보이도록 함이었다], 혜경궁은 중전에게 자경당을 내어주고 경춘전에서 주로 생활하다가 81세에 이곳에서 승하하였다.

歡 기쁠 환 1. 기쁘다 2. 기뻐하다 3. 사랑하다 4. 좋아하다 5. 기쁨 6. 즐거움
慶 경사 경 1. 경사(慶事) 2. 선행(善行) 3. 상, 상으로 내리는 것 4. 복, 다행한 일 5. 하례하다 (賀禮--) 6. 경사스럽다, 축하하다 7. 기뻐하다
殿 전각 전 1. 전각(殿閣), 궁궐(宮闕) 2. 큰 집 3. 절, 사찰(寺刹) 4. 전하(殿下)

환경전

　　기쁘고〔歡〕 경사스럽다〔慶〕는 뜻의 환경전은 불과 경춘전의 10m 앞에서 남향한 채로 서 있다. 바로 곁의 경춘전이 산실청으로 자주 사용된 것에 비해, 환경전은 상장례 장소로 자주 사용되었다. 풍수지리에서는 경춘전의 뒤쪽으로 산줄기가 연결되기 때문에 생기(生氣: 생명의 기운)를 불어넣어 주는 지맥이 경춘전으로 들어올 수 있고, 그 때문에 산실청으로 자주 사용되었다고 본다.

환경전 현판

반면 환경전 뒤쪽에는 지맥선과 연결될 수 있는 것이 아무것도 없어서 생기(生氣)와는 전혀 상관이 없기 때문에 국상이 발생하면 시신을 모시는 빈전이나 위패를 모시는 혼전, 혹은 거려청(居廬廳: 상제가 거처하도록 마련한 집) 등으로 사용했다고 본다. 특히 1800년에 정조의 빈전이 설치된 이후 1878년 철인왕후(철종비)의 빈전이 설치되기까지 무려 9차례에 걸쳐 빈전으로 활용될 만큼 집중적인 사용빈도를 보이고 있다.

通 통할 통　1. 통하다 2. 내왕하다 3. 알리다 4. 알다 5. 정을 통하다 6. 통(편지 따위를 세는 단위)
明 밝을 명　1. 밝다 2. 밝히다 3. 날새다 4. 나타나다, 명료하게 드러나다 5. 똑똑하다 6. 깨끗하다, 결백하다 7. 희다, 하얗다 8. 질서가 서다 9. 갖추어지다 10. 높이다, 숭상하다 …
殿 전각 전　1. 전각(殿閣), 궁궐(宮闕) 2. 큰 집 3. 절, 사찰(寺刹) 4. 전하(殿下)

통명전

　모든 것에 통달(通)하여 지혜가 밝다(明)는 뜻의 통명전은 보물 제818호로서 창경궁의 가장 안쪽에 위치하며 용마루가 없는 무량각지붕 건물이다. 또한, 건물의 앞쪽에는 넓은 월대까지 갖추고 있어 위용이 대단하다. 통명전을 국어사전에서 찾아보면 옥황상제의 궁전이라는 뜻도 포함하고 있는데 그만큼 창경궁 내전 중에서는 가장 서열이 높은 건물이며, 그래서 성종의 세 대비 중에서도 최고

洌 맑을 열 1. 맑다 2. (맵게) 차다, 한랭하다 3. (몹시) 차갑다 4. (맵게) 춥다 5. 차가운 바람, 매운 바람 6. 강(江)의 이름
泉 샘 천 1. 샘 2. 지하수 3. 돈 4. 황천(黃泉), 저승 5. 조개(판새류의 연체동물 총칭)의 이름

통명전 옆 돌연못

창경궁-내전(內殿) 일원

열천이 새겨진 석축

어른인 대왕대비의 처소로 만들어졌던 것이다. 통상적으로는 창경궁의 중궁전으로 여겨지고 있는데 사람에 따라서는 대전으로 보기도 한다.

통명전의 서쪽에는 직사각형의 인공연못이 있는데 그 안에는 괴석이 놓여있다. 이는 도교의 신선 세계를 나타내는 궁궐 조경법으로 보이는데 괴석과 연못은 각각 신선과 서왕모가 산다는 삼신산(三神山: 영주산, 봉래산, 방장산)과 구슬 연못인 요지(瑤池)를 상징한다고 한다. 또한, 통명전의 뒤쪽에는 동궐도에도 나오는 차가운[冽] 샘[泉]의 뜻을 가진 열천(冽泉)이라는 샘이 있는데, 그 샘의 물이 인공연못으로 흘러 들어간다. 샘의 뒤쪽 석축에는 열천(冽泉) 두 글자가 새겨져 있다. 통명전에서 서쪽으로 40m 지점에는 창덕궁으로 통하는 함양문이 있다.

養 기를 양 1. (낳아서) 기르다 2. (젖을) 먹이다 3. (심어) 가꾸다 4. 수양하다(收養--) 5. 봉양하다, 공양하다 6. 가르치다 7. 맡다, 관장하다 …

和 화할 화 1. 화하다(和--) 2. 화목하다 3. 온화하다 4. 순하다(順--) 5. 화해하다 6. 같다 7. 서로 응하다(應--) 8. 합치다 9. 허가하다 …

堂 집 당 1. 집, 사랑채 2. 마루, 대청 3. 근친(近親), 친족(親族) …

양화당

　조화로움〔和〕을 기른다〔養〕는 뜻의 양화당은 통명전의 동쪽 6~7m 지점에 있어서 위치상 통명전의 보조 전각 성격이 짙다. 편전으로도 사용되었고 대비전이나 세자빈의 거처로도 사용된 기록도 많지만 원래 통명전에 부속된 왕비의 생활공간이었기에 심신의 조화를 염원하는 뜻을 담고 있다.

迎 맞을 영 1. 맞다 2. 맞이하다 3. 영접하다 4. 마중하다 5. 맞추다 6. ~를 향하여 7. ~쪽으로
春 봄 춘 1. 봄 2. 동녘 3. 술 4. 남녀의 정 5. 젊은 나이 6. 정욕(情慾)
軒 집 헌 1. 집 2. 추녀, 처마 3. 수레, 초헌(軒) 4. 난간 5. 창(窓), 들창 6. 행랑 …

영춘헌

 복[福]을 모아둔[集] 집이라는 뜻의 집복헌은 양화당으로부터 동쪽으로 약 25m 정도 떨어진 곳에 있는 ㅁ 자 모양의 침전건물이며, 봄[春]을 맞이한다[迎]는 뜻의 영춘헌은 그 옆에 맞닿아 있는데 집복헌과 마찬가지로 ㅁ 자 구조이다. 일반적으로 붙어 있는 두 개의 건물이 비슷한 구조이면서도 동·서로 나란히 배치되어 있다면, 대부분 음양론에 따라 동쪽 건물의 서열이 더 높다. 건물의 규

集	모을	집	1. 모으다 2. 모이다 3. 편안히 하다 4. 이르다(어떤 장소나 시간에 닿다), 도달하다 (到達--) 5. 가지런하다 6. 이루다
福	복	복	1. 복, 행복 2. 제육(祭肉)과 술 3. 폭(幅), 포백(布帛)의 너비 4. (복을) 내리다, 돕다 5. 상서롭다 6. 음복하다
軒	집	헌	1. 집 2. 추녀, 처마 3. 수레, 초헌(▢軒) 4. 난간 5. 창(窓), 들창 6. 행랑 …

화계에서 본 영춘헌과 집복헌

 모만 보더라도 동쪽의 영춘헌이 서쪽의 집복헌보다 더 크며, 또한 건축 양식에서도 조금 더 고급양식을 썼으므로 영춘헌의 서열이 더 높음을 알 수 있다. 〔영춘헌은 겹처마에 소로를 써서 격식을 나타낸 집이지만, 집복헌은 홑처마에 소로도 없는 민도리집으로 만들었다.〕

 집복헌에서는 영조의 후궁 영빈 이 씨로부터 사도세자가 태어났고, 정조의 후궁 수빈 박 씨로부터 순조가 태어났기 때문에 후궁

胎 아이밸 태 1. 아이를 배다 2. 잉태하다 3. (아이를) 기르다 4. 단련하다 5. 태아 6. 태, 태반 7. 근원, 조짐 8. 처음 9. 방주, 진주
室 집 실 1. 집, 건물 2. 방, 거실 3. 거처, 사는 곳 4. 아내 5. 가족, 일가 6. 몸, 신체 7. 가재(家財) 8. 구덩이, 무덤 9. 굴(窟) 10. 별의 이름 …

성종대왕태실

들의 처소였던 것으로 추정되고 있다. 한편 영춘헌은 정조가 서재로 사용했던 건물인데 이때는 집복헌이 영춘헌의 부속 건물 기능을 했다. 정조는 영춘헌을 가장 많이 이용한 임금이기도 했고 심지어 정조가 승하한 장소도 바로 영춘헌이었다. 그럼 정조는 왜 그토록 영춘헌에 대한 애착을 많이 보였을까? 영춘헌은 창경궁의 내전 건물 중에서는 가장 동쪽에 위치하고 있는데, 이는 곧 사도세자의 사당인 경모궁〔현재 서울대병원 뒤쪽 함춘원지 인근〕과 가장 가깝다는 뜻으

로도 해석될 수 있다. 즉 조금이라도 아버지와 가까이 있으려는 정조의 효심이 영춘헌에 대한 애착으로 나타난 것은 아닐까 풀이해 본다.

태실은 왕실에서 출산 후에 태를 깨끗이 씻고 태항아리에 봉안한 뒤 석실을 만들어 보관하던 곳이다. 예로부터 태는 태아의 생명력을 부여한다고 믿어졌으며, 특히 왕실의 태는 국운과 직접 관련이 있다고 여겨졌기 때문에 소중하게 다루어졌다. 또한, 태실은 전국적으로 풍수 길지를 선정하여 모셨고 국왕의 태실은 수호군사를 두어 관리했으며 태실 주변에는 금표로 출입을 제한하기도 했다. 그런 태실 중 하나인 성종대왕의 태실이 양화당과 집복헌에서 북쪽 언덕 위로 약 110m 떨어진 곳에 있는데, 원래는 경기도 광주에 있던 것을 일제강점기에 이곳으로 옮겨온 것이다.

성종 태실은 석종 모양의 몸체 위에 8각의 지붕돌이 올라간 형태인데 난간석이 둘러쳐져 있으며, 그 앞쪽에는 태실비가 있다. 태실비는 받침돌인 귀부(龜趺) 위에 비가 세워져 있는데, 앞면에는 성종대왕태실(成宗大王胎室)이라고 새겨져 있고 뒷면에는 처음 비가 세워진 날짜와 3번에 걸쳐 고쳐 세운 날짜들이 함께 기록되어 있다.

•• 사진 협조 및 구입

동아대학교박물관
(museum.donga.ac.kr)

· 동궐도(부분) 042 068 071 103 117
　　　　　　　120 125 145 151 169
　　　　　　　190 202 255 259

문화재청
(www.cha.go.kr)

· 제주 관덕정 280

※ 본 책을 위하여 사진 촬영에 적극 협력해 주시고, 또한 귀한 사진 자료들을
기꺼이 제공해 주신 관계 기관에 진심으로 깊은 감사를 드립니다.